Margot Käßmann
Konstantin Wecker (Hg.)

ENTRÜSTET EUCH!

Von der bleibenden Kraft des Pazifismus

INHALTSVERZEICHNIS

Dass der Krieg ein Verbrechen ist, das wagen heute auch die nicht mehr zu bestreiten, die noch an seine »Unvermeidlichkeit« glauben. Sie sind nur der Meinung, daß immer der Gegner es sei, der dies Verbrechen verursache. Erst wenn wir erkennen, daß wir alle diese Verbrecher sind durch den Glauben an diese Unvermeidlichkeit, erst dann werden wir mit Erfolg die Wege beschreiten, die dieses größte Verbrechen der Menschheit an der Menschheit selbst auszulöschen vermögen.

Helene Stöcker (1928)

VORWORT

Manche halten uns für total naiv und weltfremd, weil wir dafür eintreten, keine Waffen einzusetzen, um Frieden zu schaffen, während in vielen Ländern der Erde gerade alle Zeichen auf Hochrüstung stehen.

Aber niemand kann uns den Glauben an die Kraft des Pazifismus nehmen.

Eine erste Ausgabe dieses Buches erschien im Jahr 2015. Damals waren etwas mehr als 100 Jahre seit dem Beginn des Ersten Weltkrieges vergangen, 76 seit dem Beginn des Zweiten Weltkrieges. Vier Jahre lang tobte schon ein Bürgerkrieg in Syrien – und Ende Februar 2014 begann ein bewaffneter Konflikt auf der ukrainischen Halbinsel Krim. Es gab damals wie heute auch an vielen Orten der Welt gewaltsame Auseinandersetzungen. Im Nachgang zu den Irakkriegen trat eine Terrorgruppe, die sich »Islamischer Staat« nennt, ins internationale Bewusstsein. Die martialischen Grausamkeiten, mit denen sie einen angeblich »islamischen« Gottesstaat zu errichten versuchten – und dabei vor allem viele Muslime ermordeten –, erschütterte die westliche Welt. Die Bundesrepublik lieferte entgegen aller vorherigen Zurückhaltung offiziell Waffen an eine Bürgerkriegspartei im Nordirak. In der Folge zeigte sich, dass Rüstungsexporte aus Deutschland immer wieder an den geltenden Gesetzen vorbeilaufen – um des Profits willen.

Damals plädierte Bundespräsident Joachim Gauck bei der Münchener Sicherheitskonferenz dafür, dass Deutschland mehr internationale Verantwortung übernehmen solle. Gemeint war nicht etwa humanitäre Verantwortung, für deren Intensivierung sich eine große Mehrheit der Deutschen ausspricht, sondern militärische.

Der Ukrainekonflikt brachte 2014 die schwierige Balance zwischen dem NATO-Bündnis und Russland heftig ins Wanken. Nach der völkerrechtswidrigen Annexion der Krim durch Russland eskalierten die Auseinandersetzungen, und bis heute ist in der Region keine Ruhe eingekehrt. Am 24. Februar 2022 haben russische Truppen einen Angriffskrieg gegen die Ukraine begonnen. Seitdem sind Zehntausende getötet und Millionen von Menschen aus ihrer Heimat vertrieben worden. Ehemals blühende Städte werden dem Erdboden gleichgemacht. Und ein Ende der Gewalt ist nicht absehbar. Der russische Außenminister Sergei Wiktorowitsch Lawrow spricht wiederholt von der Möglichkeit eines Atomschlages. Und die westlichen Mächte ziehen ihrerseits immer mehr Truppen und Waffen an den Ostgrenzen zusammen. Auch Deutschland liefert schwere Waffen in die Kriegsgebiete.

All das lässt diejenigen, die sich für Frieden engagieren, nahezu fassungslos zurück.

Ja, es wird gegen den Krieg demonstriert, und der russische Präsident Wladimir Putin wird aufgefordert, seine Truppen aus der Ukraine zurückzuziehen. Im März und April 2022 gingen in Städten wie Berlin,

Hamburg, Frankfurt, Leipzig, Stuttgart und München Menschen auf die Straße und forderten »Stoppt den Krieg«. In Berlin kamen bei einer Demonstration 60 000 Teilnehmende zusammen. Bundesweit sollen es in den ersten Kriegstagen etwa doppelt so viele gewesen sein. Übrigens: Am 15. Februar 2003 gingen allein in Berlin eine halbe Million Menschen auf die Straße, um deutlich zu machen, dass eine deutsche Beteiligung am Irakkrieg nicht infrage kommt.

Die Friedensbewegung ist also nicht verstummt. Laut aktueller Umfragen sind fast die Hälfte der Deutschen gegen Waffenlieferungen.

Wir sind fest davon überzeugt, dass sich mit Waffen kein Frieden erzwingen lässt und Gewaltlosigkeit der einzige Weg ist, der herausführt aus dem Konflikt, aus der Spirale der Gewalt. Denn Gewalt schafft stets neue Gewalt.

Es ist Zeit, »Nein« zu sagen zu höheren Rüstungsausgaben, zu Waffenlieferungen (besonders in Kriegsgebiete) und zu einer weiteren Eskalation der Konflikte.

In einer Zeit, in der Pazifismus belächelt und verspottet wird, ist uns wichtig, dass Menschen verschiedenster Herkunft und Motivation sich wieder zusammentun. Frieden ist keine Illusion, Frieden ist machbar. Wir können uns *ent*-rüsten!

Diese Stimme soll nicht verklingen.

Die Texte, die wir für dieses Buch zusammengestellt haben, zeigen, welche Kraft ein gewaltloses Handeln haben kann – und sie spiegeln auch die Hoffnung, dass die Stimme des Pazifismus wieder hörbarer wird.

Mit dem Abdruck des Manifestes »Den Frieden gewinnen und nicht den Krieg!«, das wir beide mit unterschrieben haben, erinnern wir zugleich an den Verfasser Henning Zierock, der während der Drucklegung dieses Buches am 11. Mai 2022 unerwartet verstarb. Ein liebenswerter, engagierter und aufrechter Mensch, um den wir trauern – und den wir vermissen.

Margot Käßmann und Konstantin Wecker

Margot Käßmann · Konstantin Wecker

FÜR EINE STARKE STIMME DES PAZIFISMUS

*Margot Käßmann und Konstantin Wecker, aus je eige-
ner Perspektive setzen Sie sich seit Jahrzehnten sehr engagiert für den Frieden ein. Nun, im Jahr 2022, haben
wir wieder Krieg – mitten in Europa. Wie nehmen Sie
als Pazifistin und als Pazifist Putins Angriffskrieg auf
die Ukraine wahr?*

Wecker: Was geschieht, ist erschütternd. Als Pazifist bin
und bleibe ich fest davon überzeugt, dass nur eine internationale Friedens- und Antikriegsbewegung diesen
verbrecherischen Angriffskrieg gegen die Ukraine stoppen kann und wird. Dafür müssen wir aufstehen und
auf die Straßen und Plätze der Welt ziehen, auch um einen noch viel größeren Krieg zu verhindern!

Käßmann: Ja, es ist ein erschütterndes Gefühl von Ohn-
macht, die Bilder der Bombardierungen auf ukrainische
Städte zu sehen. Verängstigte Kinder, weinende Men-
schen, tote Zivilist*innen und Soldat*innen, weil ein
Mann es will. Die Politik hat kurzfristig eine Kehrtwen-
de vollzogen: Waffenlieferungen in die Ukraine, 100
Milliarden für die Bundeswehr, Zweiprozentziel der
NATO ins Grundgesetz. Da stockt mir der Atem. Was
alles ist finanziell angeblich nicht möglich an sozialen
Projekten, an Erreichen von Klimazielen. Und dann

werden derartige Summen schnell beschlossen? Wahnsinn.

Frau Käßmann, viele hat es irritiert, dass Sie als Kirchenfrau mit dem nicht gerade als religiöser Mensch bekannten Konstantin Wecker auftreten.

Sie sind sich schon im Klaren darüber, auf wen Sie sich da eingelassen haben als Bündnispartner!? Konstantin Wecker ist ein hartgesottener linker Anarchist – außerdem einer, der auf der Bühne am Klavier, bei den Liedtexten, genauso wie in seinen Musikstücken klarmacht, dass in ihm ein sehr männlicher Kämpfer steckt, wenn auch ein friedfertiger. Und dann ist er auch noch aus der Kirche ausgetreten.

Käßmann: Ich habe nie Mühe gehabt, mich mit Menschen zu treffen und zusammenzutun, die ähnliche Ziele verfolgen – wenn auch aus anderen Motiven. Da habe ich keine Berührungsängste.

Umgekehrt gilt natürlich dasselbe, Herr Wecker: Margot Käßmann ist als Ex-Bischöfin der Hannoverschen Landeskirche und als Ex-EKD-Ratsvorsitzende eine Frau des Establishments. Eine Frau, die gezeigt hat, dass die Kirche eine weibliche Seite hat: Erschreckt Sie das alles nicht?

Wecker: Im Gegenteil. Das begeistert mich. Ich habe immer wieder Kommentare von ihr gelesen, etwa damals vor dem Afghanistankrieg. Da habe ich mir gedacht: Mensch, diese Frau hat Mut! Und das steht in einer Linie mit der von mir sehr verehrten Dorothee Sölle, von deren Buch »Mystik und Widerstand« ich völlig hingerissen bin. Dieser Mut beschäftigt mich zurzeit immer mehr. Zur Spiritualität zu stehen, die in einem wohnt, und trotzdem nicht auf das politische Engagement zu verzichten. Sich nicht zurückzuziehen in die Gottessuche, sondern diese zu verbinden mit der Suche nach einer friedlicheren und gerechteren Welt – da gibt es bei mir keine Berührungsängste, sondern ganz im Gegenteil: viel Bewunderung.

Käßmann: Das freut mich. In deinem Buch *Mönch und Krieger* habe ich dieses spirituelle Moment natürlich auch gefunden. Da gibt es für mich tatsächlich einen inneren Zusammenhang, und da würde ich Dorothee Sölle sehr zustimmen. Sie hat mich früher auch immer ermutigt. Ich habe sie 1983 bei der Vollversammlung des Ökumenischen Rates der Kirchen in Vancouver erlebt. Die Evangelische Kirche in Deutschland wollte nicht, dass sie da auftritt. Dann stand sie da, diese kleine Frau, und sagte: »Ich komme zu Ihnen aus einem Land mit einer blutigen, nach Gas stinkenden Geschichte«. Die Empörung bei der deutschen Delegation war enorm. Aber sie hat ihre Botschaft rübergebracht.

Wie haben Sie beide denn überhaupt zusammengefunden?

Wecker: Ich hatte mich schon ein paarmal im Internet für Margot Käßmann ausgesprochen, auch im Jahr 2010 nach ihrem Satz: »Nichts ist gut in Afghanistan!« Als sie kurz darauf nach einem *SPIEGEL*-Interview auf sehr unappetitliche Weise von mehreren Medien angegangen wurde, hat mir das überhaupt nicht gefallen. Ich musste meinem Ärger in einem Blogeintrag Luft machen.

Käßmann: Auf deinen Kommentar bin ich aufmerksam gemacht worden, er hat mich sehr gefreut, weil ich damals viel Spott und Häme erlebt habe. Eigentlich bin ich Shitstorms gewohnt – diesmal fand ich es aber besonders erschreckend, weil die Äußerungen zeigten: Es gibt gar keinen Sinn für Pazifismus mehr, stattdessen bricht sich auf einmal so eine Kriegssprache Bahn. Vor dreißig Jahren haben wir gesagt: »Gewaltfreie Revolution, jetzt muss der Krieg abgeschafft werden, und alles wird ganz anders!« Heute bestücken wir Bürgerkriegsparteien mit Waffen aus Deutschland. Das empört mich wirklich, und da habe ich mich natürlich gefreut, in Konstantin Wecker jemanden zu finden, der seine Linie nie aufgegeben hat.

Haben Sie dann auch weitere Themen gefunden, die Sie beide verbinden?

Wecker: Ja sicher. Religion und Kirche interessieren auch mich. Was darf die Kirche, was darf sie nicht? Ich bin ja aus der katholischen Kirche ausgetreten. Die Wahl von Papst Franziskus hielt ich für großartig. Trotzdem war er kein Grund für mich, wieder einzutreten. Letztlich ist ja auch das meiste beim Alten geblieben. Irgendwann habe ich mal gesagt: Erst wenn eine Frau Papst wird, würde ich wieder in die katholische Kirche eintreten.

Viel wichtiger als das Thema »Kirche« ist doch der Glaube. Über Mystik habe ich viel nachgedacht, über die Notwendigkeit mystischer Elemente. Eigentlich gilt die evangelische Kirche eher als nüchterne, als rationale Kirche. Die Offenheit für Mystik wird eher dem Katholizismus zugesprochen, obwohl vieles daran wohl eher Scheinmystik ist – mehr Weihrauch als Mystik.

Käßmann: Ein spannendes Thema. Für mich ist die evangelische Kirche erst einmal einfach eine Verbindung der Gläubigen und keine Heilsvermittlerin. In der evangelischen Kirche, und das verstehe ich sehr gut, empfinden viele ein Defizit an Spiritualität. Andererseits muss ich sagen: In den letzten Jahren und Jahrzehnten ist Spiritualität auch wieder gewachsen, weil die Menschen Sehnsucht haben nach der Sinnlichkeit des Glaubens. Die Reformatorinnen und Reformatoren haben gesagt: Die Sinnlichkeit des Lebens – dazu gehören auch Familie und Sexualität im weltlichen Alltag – ist gutes Leben vor Gott. Diese Sinnlichkeit haben sie auch gezeigt, indem sie sich entschlossen, den Zölibat hinter sich zu lassen, zu heiraten und Familien zu gründen. Leider ist das Bewusstsein dafür ein bisschen verloren gegangen durch die Konzentration auf das Wort. Aber wir praktizieren in den evangelischen Kirchen auch Schweigen, Meditation und Gebet. Pilgern ist ganz wichtig geworden in den letzten Jahren. Die evangelischen Klöster sind sehr gefragt.

Ich frage noch einmal: Was ist der erste Berührungspunkt gewesen? Wie hatten Sie sich bisher wahrgenommen?

Wecker: Wenn ich an Margot Käßmann denke, dann denke ich an Pazifismus und daran, dass sie den Mund aufmacht. Das sind zwei Punkte, die für mich sehr maßgeblich sind. Margot Käßmann hat es vorhin schon zu Recht gesagt: Wir Pazifisten werden immer weniger. Die Stimme des Pazifismus versiegt. Dabei weiß ich nicht mal, ob ich in jedem Fall mit meiner pazifistischen Einstellung recht habe. Ich weiß auch nicht, ob ich eine pazifistische Haltung wirklich durchhalten könnte, wenn es mir persönlich an den Kragen ginge. Aber eines weiß ich als Künstler: Die Stimme des Pazifismus darf nicht verloren gehen. Wenn es diese Stimme nicht mehr gibt, dann wird auch die Idee verschwinden. Im Endeffekt bewirke ich, indem ich hier sitze und über den Frieden rede, genauso wenig wie Sie, wenn Sie forderten: »Wir müssen jetzt gegen jemanden Gewalt anwenden.« Unsere Meinung wird nicht wirklich gehört. Aber Ihre Stimme wäre eine, die das Gleiche fordert wie 99 Prozent der Menschen, und meine Stimme gehörte zu dem restlichen einen Prozent. Diese Stimme möchte ich wenigstens bewahrt wissen. Sie darf nicht verstummen, das ist mir sehr wichtig. Denn eines ist sicher: Wir werden künftig entweder eine Menschheit haben, die ohne Kriege auskommt, oder eben gar keine Menschheit mehr.

Sie träumen von einer Menschheit ohne Kriege – zeigt der Krieg in der Ukraine nicht, dass das utopisch ist?

Käßmann: Ich sage: Wir brauchen Träumer! Die Menschen, die mich in meinem Leben begeistert haben, waren Träumer. Bundeskanzler Helmut Schmidt soll ja einmal gesagt haben: Wer Visionen hat, soll zum Arzt gehen. Ich dagegen bin überzeugt: Wir brauchen Visionäre. Martin Luther King etwa war der Held meiner Jugend. Ich habe mal ein Austauschjahr als Schülerin in Amerika verbracht. Da habe ich Rassismus erlebt, den ich damals so in Deutschland nicht kannte. Und dann habe ich angefangen, Martin Luther King zu lesen. Der war ein Visionär! Der Rassismus in Amerika ist heute sicher noch nicht überwunden, aber dass es überhaupt möglich ist, dass jemand mit dunkler Hautfarbe Präsident, Vizepräsidentin oder Richterin am Obersten Gericht wird, das hat seinen Ursprung im damaligen Kampf gegen Rassismus. Martin Luther King ist sehr, sehr standhaft geblieben. Als viele andere in der Bewegung längst gesagt haben: Wir müssen das mit Gewalt lösen, hat er bei der Beerdigung von drei Schulmädchen eine wunderbare Rede gehalten und betont: Wir verraten unsere eigenen Ideale, wenn wir anfangen, mit der Waffe zu kämpfen.

Wecker: Mir geht es da wie Margot Käßmann. Es waren die Träumer, die mein Leben bereichert haben. Es waren die Visionärinnen und Visionäre, dazu zähle ich übrigens auch die Mystiker. Warum der Traum so wichtig für mich ist? Ich glaube, wir müssen die Sache mal von einer anderen Seite aus betrachten. Viele Leute sagen zu mir: 1974 bist du angetreten und wolltest eine bessere Welt schaffen mit deinen Liedern. Jetzt schau dir die Welt an. Sie war definitiv in den 70er-Jahren gerechter, sie war sozialer, überhaupt keine Frage. Hast du versagt? Das frage ich mich natürlich auch. Aber ich bin nicht als Politiker, sondern als Künstler angetreten, und ich war ein Mosaiksteinchen neben vielen anderen. Ich glaube, wir haben deswegen nicht versagt, weil wir anderen Mut machen konnten, die ebenfalls Mosaiksteinchen sind. Drehen wir die Frage doch um! Fragen wir nicht: Haben wir eine bessere Welt geschaffen? Sondern: Wie sähe die Welt ohne uns aus? Das ist für mich die viel wichtigere Frage. Vielleicht wäre die Situation noch viel grausamer, als sie es jetzt ist. Vielleicht wären bestimmte Entwicklungen gar nicht möglich gewesen ohne uns Mosaiksteinchen. Mein Beispiel ist immer Sophie Scholl. Ich habe ein Lied geschrieben für Hans und Sophie Scholl, da heißt es: »Ihr habt gewartet, ihr seid geblieben, es geht ums Tun und nicht ums Siegen.« Es gibt ein Foto, das zeigt, wie Sophie Scholl mit Hans Scholl einen Tag vor ihrer Hinrichtung eine Zigarette auf dem Gefängnishof raucht. Es zeigt eine Entspanntheit, die einfach unglaublich ist: Beide wissen, dass sie sterben werden, und trotzdem werden sie fast von einer fröhlichen Stimmung ergriffen, als sie sich dort zum letzten Mal begegnen. Sophie Scholl hat natürlich, wie wir alle wissen, das Hitlerreich nicht besiegen und den Krieg nicht verhindern können. Trotzdem wäre die Welt unendlich ärmer ohne diese Frau.

Diese Fragen werden immer aus einer bestimmten Sichtweise heraus gestellt: Was ist denn eine gerechtere Welt? Ich weiß es nicht, ich weiß nur, dass es viele Möglichkeiten gibt, um sie etwas gerechter zu machen. Ich habe aber kein umfassendes und systematisches Modell einer wirklich besseren Welt – dann wäre ich Ideologe und müsste der Welt wieder irgendeine Art von »Ismus« überstülpen. Das kann ich nicht, ich glaube auch, dazu fehlt es mir an Intelligenz, wie jedem anderen Menschen auch. Waren Hitler und Stalin etwa dazu in der Lage? Ich meine damit: Visionen und Träume sind etwas anderes als eine Ideologie, für die man zum Beispiel bereit ist, jemanden zu töten.

Wir befinden uns nun aber wieder in einer Agenda, die bestimmt ist von schweren Waffen, von Schützengräben, von Artillerie – wo bleiben da die pazifistischen Ideen?

Wecker: Die pazifistischen Ideen sind natürlich nach wie vor da, auch wenn sie zum Teil in einem oftmals geradezu völlig irren Shitstorm untergehen. Ich werde mittlerweile als Putin-Freund beschimpft als Antwort auf mein pazifistisches Credo, das ich veröffentlicht habe, wo ich ganz deutlich sage: Ich kann den Pazifismus anderen nicht überstülpen, ich kann ihn nur für mich selbst entscheiden. Jemanden wie mich als Putin-Freund zu beschimpfen, ist schon sehr hirnrissig, weil ich als alter Anarcho noch nie ein Freund von Machthabern und Despoten war. Mein ganzes Denken und Singen geht in den letzten Jahrzehnten gegen Machthaber. Ich bin der

Meinung, dass es eine Katastrophe wäre, wenn dieser wunderbare Gedanke des Frieden-Schaffens ohne Waffen jetzt zugrunde gehen würde.

Der Zweite Weltkrieg war sicherlich ein Einschnitt, der in dieser Hinsicht schon einmal ein radikales Umdenken mit sich gebracht hat – bis in die Familien hinein. Herr Wecker, Sie sind 1947 geboren, zwei Jahre nach dem Zweiten Weltkrieg. Inwiefern hat dieser Bezugspunkt – das totale Ende der europäischen Kultur – Sie auf den Weg des Friedens gebracht?

Wecker: Ich konnte gar keinen anderen Weg gehen, weil ich Glück hatte mit meinen Eltern. Mein Vater hat in der Nazizeit den Kriegsdienst verweigert, gar nicht so sehr aus einer großen Idee heraus, sondern weil er einfach niemanden umbringen wollte. Er war ein sehr sanfter Mann. Er hat ein Riesenglück gehabt, dass der Offizier ihn für verrückt erklärt hat, anstatt ihn an die Wand zu stellen. Meine Mutter war auch aus einem Nicht-Nazi-Haus. Man kann nicht sagen, dass ihre Eltern Gegner des Regimes waren, aber sie waren auf jeden Fall keine Nazis. Meine Eltern waren keine Nazis. Ein großes Glück, denn so konnten wir über diese Zeit reden, als ich klein war. Und man darf eines nicht vergessen: Es fällt mir immer mehr auf, wenn ich mit jüngeren Leuten spreche: Meine Generation – 1947 bin ich geboren und damit ein Nachkriegskind – hat den Krieg in seinen Auswirkungen noch erlebt. Bei uns hier in München fuhr man noch Versehrte auf Rollwagen herum, weil sie keine Beine hatten. Da gab es noch ganz viele Kriegsverletzte. Und es gab überall zerbombte Häuser, die Gefahr war alltäglich. Einem Schulkameraden, der mit einer Granate gespielt hat, hat es die Hand zerfetzt. Ich habe also die Auswirkung des Krieges noch erlebt. Deswegen sitzt dieser Gräuel noch viel mehr in meinem Kopf als bei jemandem, der heute vierzig ist; der hat noch nie etwas von Krieg gesehen, außer irgendwelche virtuellen Bilder, die er durch Computerspiele kennt. Das ist ein großer Unterschied. Die Zeitzeugen, die wirklich noch warnen könnten vor dem Krieg, sterben aus. So, glaube ich, ist der Krieg für viele Menschen der jüngeren Generation keine wirkliche Bedrohung mehr. Ich hatte Glück mit meinem Elternhaus, mit einem durchaus pazifistischen Vater.

Zu meinem Vater muss ich noch eine kurze Geschichte erzählen, weil sie wirklich wunderbar ist. Er ist 1914 geboren, also in einer Zeit, in der Väter normalerweise Patriarchen und autoritär waren und geradezu militärisch erzogen wurden. Er war ein sehr sanfter Mann, und ich weiß noch, wie meine Mama, weil ich sehr frech war, immer gesagt hat: Du musst doch den Buben jetzt mal schlagen. Da sagte er immer »Nein«. Irgendwann zog er mich dann mal ins Schlafzimmer und sagte: »Konstantin, mach die Tür zu! Konstantin, ich muss das machen für deine Mutter. Ich kann niemanden schlagen und schon gar nicht meinen eigenen Sohn. Ich haue jetzt aufs Bett, und du schreist ›aua‹«. Also ein erstaunlicher Mann für diese Generation! Heute ist das natürlich viel eher anzutreffen, heute sind Väter anders. Die knuddeln ihre Kinder. Aber auch die Mama war toll. Ich werde die letzte Demo vor ihrem Tod nie vergessen: Zwei Jahre bevor sie starb, war sie noch hier in München und hat gegen Nazis demonstriert. Auch bei der Demo gegen die Sicherheitskonferenz war sie dabei. Immer haben wir gesagt: Du musst aufpassen. Sie antwortete nur: Mir tut niemand was, ich bin eine alte Frau, ich stelle mich da hin, mich schlägt kein Polizist. Es war ein Elternhaus, in dem es mir schon in die Wiege gelegt wurde, diese Gedanken weiterdenken zu dürfen.

Und politisch selbst aktiv werden zu dürfen.

Wecker: Und politisch aktiv zu werden, das hat man mir auch gestattet; die Mama hat mich sogar richtig dazu animiert.

Frau Käßmann, Sie sind 1958 geboren. Welche Rolle hat der Zweite Weltkrieg bei Ihnen gespielt? Wir befinden uns 1958 schon in der Phase der Wiederbewaffnung, es gibt erste Appelle und Demos, auch gegen die atomare Aufrüstung.

Käßmann: Bei mir hat sicher eine große Rolle gespielt, dass meine Familie mütterlicherseits aus Hinterpommern kommt und ihre Heimat verlassen musste. Mein Großvater hatte gesagt: Vielleicht kommen die Russen nach Ostpreußen, aber niemals nach Pommern. Deshalb sind sie zu spät geflohen, wollten dann aber doch noch mit dem letzten Zug weg. Meine Tante kam in die Wehen mit dem dritten Kind, daher haben sie sie nicht mitgenommen. Die Sowjetarmee rückte an und hat meinen Großvater verschleppt. Der starb auf dem Zug nach Sibirien. Meine Großmutter und die Tante mit den drei kleinen Kindern haben da ein schreckliches Jahr erlebt, mit Vergewaltigung, Hunger und Angst. Das muss entsetzlich gewesen sein. Sie sind dann per Zug und zu Fuß nach Hessen, wo die Schwester meiner Großmutter in einem Forsthaus lebte. Meine Mutter hat den Krieg in Berlin als junge Krankenschwester erlebt, mit allem Grauen. Sie wurde mit ihrem Kinderkrankenhaus nach Rügen evakuiert und hat von da ein Schiff genommen – von Sassnitz –, das letzte Schiff, als die Sowjetarmee anrückte. Sie wurde in Dänemark interniert, das war auch ziemlich heftig. Sie durften nicht nach Deutschland, weil die Engländer sagten, Norddeutschland sei schon voll genug mit Flüchtlingen. Die Dänen hassten die Deutschen verständlicherweise. In dem Lager sind viele Kinder gestorben. Nach zwei Jahren durfte meine Mutter dann raus, aber das hieß: Verlust der Heimat, Flüchtling sein, nichts haben, keine Wohnung, irgendwo ankommen. All das war sehr präsent in meiner Kindheit. Meinen ersten Tagebucheintrag habe ich 1968 geschrieben. Darin ging es um die Sowjetarmee, die in Prag einmarschiert ist. Da war ich zehn. Das hat meine Familie ungeheuer beschäftigt. Die Angst vor dem Krieg war groß.

Und es wurde darüber gesprochen?

Käßmann: Ja, es wurde darüber gesprochen. Bei uns wurde auch nicht verheimlicht, was da an Vergewaltigung und anderem passiert ist. Mich hat schon als Kind die Vorstellung geprägt, dass Krieg entsetzlich ist und dass du alles tun musst, ihn zu verhindern, weil er Leben zerstört. Das war immer Thema für mich.

Jetzt haben wir eine Generation relativ gewaltfreier Erziehung hinter uns, wir sind darüber aufgeklärt, dass Kinder, die geschlagen werden, möglicherweise selber zu Schlägern werden. Trotzdem sind nicht alle zu Pazifisten erzogen worden.

Wecker: Da muss ich kurz einhaken. Ich habe das Glück, befreundet zu sein mit dem, wie ich finde, größten derzeitigen Psychoanalytiker – mit dem 91-jährigen wunderbaren Arno Gruen. Er hat immer wieder in Gesprächen und in seinen Büchern betont, dass gewalttätige Erziehung nicht unbedingt mit körperlicher Gewalt zu tun haben muss. Es gibt auch eine ganz andere Art von Gewalt. In seinem Buch *Verlust des Mitgefühls* beschreibt er das sehr schön. Es ist nicht gut, sein Kind durch Leistungsanforderungen anzutreiben. Da stehen unausgesprochene Sätze im Raum: Ich liebe dich, wenn du ein gutes Abitur machst, ich liebe dich, wenn du Chef der Deutschen Bank wirst, oder wie auch immer. Das ist auch eine Art der Gewalt. Es gibt noch ein Buch von Arno Gruen: *Wider den Gehorsam*. Das ist sein jüngstes, ein wunderbares Büchlein. Dass Kinder einen Widerstand gegen Gehorsam haben, das erfordert ja auch von Eltern eine gewisse Größe. Antiautoritär heißt für mich in erster Linie, dass ein Kind gegen die Autorität des Vaters und der Mutter etwas haben kann. Es bedeutet nicht *laissez faire* (einfach alles machen lassen), sondern erst mal, Autoritäten infrage stellen zu dürfen. Trotzdem gibt und gab es Gewalt in der Erziehung, auch wenn sich diese nicht immer körperlich äußert.

Das heißt: Die Leistungsgesellschaft ist eine gewalttätige Gesellschaft!?

Wecker: Zweifellos ist das eine gewalttätige Gesellschaft, und man merkt, dass sie Kriege braucht, um sich am Leben halten zu können.

»Den meisten ist es peinlich noch zu fühlen« heißt es in Ihrem Lied »Empört euch«. Ist mangelndes Mitgefühl das Problem?

Wecker: Mangelndes Mitgefühl – in den letzten Jahren habe ich immer mehr das Gefühl, dass dies das Hauptproblem unserer Gesellschaft ist: Wir klammern das Mitgefühl aus. Im Sinne der Leistungsgesellschaft ist es ja schon fast etwas Lächerliches. Es gibt diesen Satz: Mitgefühl kann ich mir nicht leisten. Das klingt so, als wolle jemand an und für sich gern mitfühlend sein, könne es sich aber nicht leisten, weil es für seine Karriere hinderlich wäre.

Die Mehrheit der Deutschen ist gegen den Krieg. Das ist auch der Grund, warum ich immer noch so viel Mut habe und nicht zum Zyniker geworden bin. Ich erlebe es jeden Tag, wenn ich singe auf der Bühne: Da sind Hunderte, manchmal Tausende von Leuten, die die gleiche Sehnsucht haben wie ich. Und jeder tut etwas auf seinem Gebiet: Da gibt es zum Beispiel Lehrer, die an alternativen Projekten arbeiten. Es ist spannend zu erleben, was da passiert. Wenn ich vorhin gesagt habe, die Stimme des Pazifismus darf nicht sterben, dann meinte ich auch, dass sie in der medialen Öffentlichkeit nicht sterben darf.

Das Hauptargument, das auf dem Grabstein des Pazifismus eingemeißelt wurde, lautet: Pazifismus ist unterlassene Hilfeleistung. Wer jetzt nicht eingreift, nimmt das Sterben von zigtausend Unschuldigen in Kauf. Zeigt sich das jetzt nicht auch in der Ukraine wieder?

Wecker: Hilfe kann aber auch ganz anders geleistet werden. Das ist ja das, was nie ernst genommen wird. Auch Friedensforschung wird nicht wirklich ernst genommen. Der Einsatz im Irakkrieg zum Beispiel war keine Hilfeleistung. Ich war im Irak, drei Wochen bevor die Amerikaner in Bagdad zu bomben begonnen haben. Das werde ich nie vergessen: Wir waren aus Deutschland mit einigen Leuten als Friedensdelegation von »Kultur des Friedens« dort. Es waren Israelis da, es waren amerikanische Friedensgruppen dabei, wir waren alle zusammen in einem Hotel. Es war sehr anrührend zu sehen, weil wir alle natürlich wussten: Wir können den Krieg nicht verhindern. So dumm waren wir nicht, dass wir gedacht haben: Wenn wir nach Bagdad fahren, dann wird der Krieg nicht stattfinden. Aber wir wollten auch hier einfach die Stimme dagegen aufrechterhalten. Wir waren in einem Dichtercafé, dort trafen wir einen alten Dichter, der zu mir sagte: »Wissen Sie, wir haben gar nichts gegen die Amerikaner und wir würden auch gerne mal nach Amerika fahren, aber wenn die Amerikaner jetzt hier zu bomben beginnen, dann wird das Tor zur Hölle aufgemacht.« Und genau das ist passiert.

Käßmann: Ich war lange Präsidentin der Zentralstelle für die Beratung von Kriegsdienstverweigerern. Wir sind ja im Moment ein bisschen im Schlaf, weil die Wehrpflicht ausgesetzt ist. Aber da haben wir gesehen: Die Wehrpflicht ist im Grunde von den Wehrpflichtigen abgeschafft worden, weil es immer weniger waren, die überhaupt zur Bundeswehr gehen wollten. Und jetzt hat die Bundeswehr ein Riesenproblem, überhaupt Rekruten zu finden. Sie muss inzwischen alle möglichen Anreize schaffen. Ich glaube, dass es so eine große Lust auf Krieg in Deutschland wahrhaftig nicht gibt. Da hat Deutschland etwas gelernt. Ich bin dankbar, dass es eine Lerngeschichte gibt, aber ich finde: Man macht es sich zu leicht, wenn man den Pazifismus als naiv hinstellt. Problematisch finde ich Argumentationen wie bei der Kriegsdienstverweigerung in der 70er-Jahren, da hieß es: Wenn Ihre Freundin neben Ihnen vergewaltigt wird, da würden Sie doch auch eingreifen, und jetzt heißt es: Wir können ja Frau Käßmann mal aus dem Hubschrauber über dem IS-Gebiet abwerfen, was würde sie dann tun mit ihrem Pazifismus? Das finde ich perfide! Da wird nicht gefragt: Wie ist eigentlich dieser Konflikt entstanden, was hätte vielleicht präventiv gemacht werden können? Hat der Irakkrieg 2003 mit 130 000 toten Irakern und haben nicht auch die Folterer der CIA vielleicht etwas damit zu tun, dass unsere Demokratie in vielen Regionen dieser Erde überhaupt nicht so attraktiv erscheint? Immer kommt dieser Schlusspunkt, wo es heißt: Jetzt geht nur noch Gewalt. Meist ist dieser Punkt erreicht, wenn klar wird: Niemand hat Zeit und Fantasie und Geld in die Lösung der Konflikte investiert. Wir reden immer von Ultima Ratio, aber nie von Prima Ratio. Die Stimme des Pazifismus verstummt dann unter diesem Pragmatismus: Wir müssen es jetzt tun, und die deutsche Wirtschaft muss Waffen liefern. Das erleben wir doch jetzt auch wieder ganz aktuell. Friedrich Merz hat herablassend erklärt, Friedensgebete seien ja eine »feine Sache«, aber ... eben nicht ernst zu nehmen. Graf Lambsdorff erklärt, wer an Osterfriedensmärschen teilnehme, sei die »5. Kolonne Wladimir Putins«. Das ist eine Frechheit! Und ein Grünenpolitiker wie Anton Hofreiter schwadroniert über Waffensysteme, als habe er den Beruf »Waffenlobbyist« für sich neu entdeckt. Wenn Pazifismus naiv ist, dann ist es dieser Bellizismus, der ständig nach mehr Waffen ruft, ebenso.

Und was sagen Sie dann ganz konkret auf den Vorwurf der unterlassenen Hilfeleistung?

Wecker: Ich sage, dass ich gerne bereit bin, Hilfe zu leisten, aber es muss eine Hilfe ohne Waffen sein. Das ist mein ganz persönliches Credo, mein Pazifismus. Ich möchte so weit gehen, dass ich mich lieber töten lassen würde, als zu töten. Ich würde von anderen nicht verlangen, dass sie genauso handeln, aber ich habe mich entschieden. Dabei weiß ich noch nicht einmal, ob ich das wirklich durchhalten würde, wenn es so weit wäre, weil ich ein sehr impulsiver Mensch bin. Es könnte durchaus sein, dass ich dann doch zurückschlage, wenigstens mit meiner Faust.

Käßmann: Ich kann das gut nachvollziehen und ich möchte zum Vorwurf der unterlassenen Hilfeleistung sagen: Natürlich kann ich auch dadurch schuldig werden, dass ich gegen militärisches Eingreifen argumentiere, das ist mir völlig klar. Das war auch allen Pazifisten in der Geschichte des Pazifismus klar, dass du so oder so schuldig werden kannst. Das heißt aber nicht: Ich wasche meine Hände in Unschuld, ich bin das Unschuldslamm, und die anderen sind die Bösen.

Dass Putin einen brutalen Angriffskrieg gestartet hat, ist durch nichts zu rechtfertigen. Trotzdem stellt sich die Frage, ob die Antwort für die Zukunft tatsächlich mehr Rüstung ist. Natürlich haben wir alle Sympathien für die Ukrainerinnen und Ukrainer, weil es ein Kampf David gegen Goliath ist. Ich habe auch volles Verständnis dafür, dass sie sich verteidigen. Trotzdem glaube ich nicht, dass Frieden möglich wird, indem wir mehr Waffen liefern.

Aber wenn jetzt beispielsweise gesagt wird: Frau Käßmann macht es sich ja leicht, vom sicheren Schreibtisch aus gegen Waffen zu plädieren. Dann sage ich: Die anderen machen es sich doch genauso leicht, wenn sie vom sicheren Schreibtisch aus für den Waffeneinsatz stimmen.

Wecker: Da werde ich immer stinksauer. Wir machen es uns leicht! Als ob die es sich nicht leicht machen würden, wenn sie sagen: Lasst uns Waffen herstellen oder liefern! Keiner von denen, die sich dafür aussprechen, würde nämlich selbst in den Krieg ziehen. Und uns werfen sie vor, dass wir nicht in den Krieg ziehen wollen. Ich habe noch Respekt vor einem kämpferischen fünfundzwanzigjährigen oder zwanzigjährigen Mann, der sagt: Jetzt hol ich meine Waffen und nehme die Sache persönlich in die Hand. Ich heiße es nicht gut, aber ich habe davor mehr Respekt als vor alten Männern, die die Jungen in den Krieg schicken. Ich merke es ja an den Kommentaren im Internet. Da gibt es Äußerungen, die so unglaublich sind, dass ich mich frage: Leben wir wirklich in so verschiedenen Universen? Auch hier geht es nicht um die Frage: Ist deren Einstellung böse, ist meine gut? Ich denke in anderen Kategorien und frage mich: Was ist richtig und was falsch – aus meiner Perspektive? Was die Forderung nach Waffenlieferungen betrifft, so ist mir das alles zu undurchsichtig. Heute lieferst du noch Waffen an die eine Partei, und schon übermorgen werden sie von einer anderen erbeutet, die damit Dritte unterdrücken. Das ist doch das Elend. Der

IS kämpft zurzeit unter anderem mit Waffen, die die Amerikaner den Irakern gegeben haben.

Käßmann: Das war ja in Afghanistan ganz ähnlich. Ich finde es nicht richtig, so zu tun, als wären diese Waffenlieferungen irgendeine Form von Lösung. Die Evangelische Kirche in Deutschland hat 2007 eine Friedensdenkschrift herausgegeben, da haben wir gesagt: Vom gerechten Krieg kann die Kirche nicht mehr sprechen. Es kann höchstens internationale Polizeieinsätze unter UN-Mandat geben, weil wir die Polizei nicht grundsätzlich ablehnen. Aber dann gibt es bestimmte Kriterien, und ein Kriterium ist: Es müssen auch ein Ende und ein Ziel absehbar sein.

Im Herbst 2014 hat die EKD eine kleine friedensethische Stellungnahme veröffentlicht, darin heißt es: »Schutz von Flüchtlingen hat höchste Priorität«. Das Papier wurde von allen Seiten, links bis rechts, begrüßt. Darin ist nicht mehr die Rede davon, Frieden ohne Waffen zu schaffen. Da heißt es zwar im Hintergrund, dass es ein UN-Mandat geben sollte und dass langfristig gesehen die UN polizeiliche Funktion übernehmen sollten. Aber grundsätzlich werden Waffenlieferungen gutgeheißen, weil man eben jetzt eingreifen müsse. Frieden schaffen ohne Waffen – davon ist keine Vision mehr da, auch nicht im Raum der Kirche.

Käßmann: Ich würde nicht sagen, dass es diese Vision im ganzen Raum der Kirche nicht mehr gibt. Aber natürlich habe ich wahrgenommen, dass in diesem Papier die pazifistische Haltung, die ich vertrete, nicht vorkommt.

Die Stimme des Pazifismus wird also auch in der Kirche immer leiser?

Käßmann: Ja, den Eindruck habe ich leider auch. Die Kirche – »meine« evangelische Kirche – hat sich wahrhaftig nicht mit Ruhm bekleckert. 1914 gab es Kriegspredigten, die den deutschen Soldaten, der mit Gott in den Krieg zieht, gepriesen haben. Es gab aber immer auch die anderen Stimmen wie Bischof Nathan Söderblom aus Schweden. Der hat 1914 alle Kirchenführer Europas angeschrieben und gesagt: Es kann doch nicht wahr sein, dass Christen gegen Christen in den Krieg ziehen! Doch Verantwortliche der Kirchen in Deutschland, Frankreich und England haben zurückgeschrieben: Jetzt ist die Stunde der Nation! 1939 war es leider genauso. Da haben die Deutschen wieder Waffen gesegnet.

In Deutschland gibt es viele, die noch wissen, dass der Krieg uns selbst, unser eigenes Land zerstört und so viel Elend mit sich gebracht hat. Das muss klar sein: Krieg führt am Ende immer zu Zerstörung.

Da kommt mir auch Bertha von Suttner in den Sinn. Sie war nicht kirchlich, aber ihre Geschichte hat mich sehr begeistert, weil sie dazu aufrief, die Waffen niederzulegen. Sie war die erste Frau, die den Friedensnobelpreis bekommen hat, weil sie bis zuletzt versucht hat, den Ersten Weltkrieg zu verhindern. Sie wurde auch belächelt und verlacht; Stefan Zweig hat nach dem Ers-

ten Weltkrieg allerdings gesagt, dass er alles zurück-
nimmt, was er damals gegen sie gesagt hat, weil sie am
Ende recht damit hatte, dass dieser Krieg nur zerstört.

Er schrieb: »Aber eben diese Frau, von der man meinte, sie habe nichts als ihre drei Worte der Welt zu sagen, [...] wußte ja [...] um die fast zernichtende Tragik
des Pazifismus, daß er nie zeitgemäß erscheint, im Frieden überflüssig, im Kriege wahnwitzig, im Frieden
kraftlos ist und in der Kriegszeit hilflos. Dennoch hat sie
es auf sich genommen, zeitlebens für die Welt ein Don
Quichotte, der gegen Windmühlen ficht«.[1]

*Von den Kirchen ist aber auch zum Krieg in der Ukraine
nicht viel zu hören. Müssten die sich nicht auch viel deutlicher dazu positionieren, Frau Käßmann?*

Käßmann: Ja, eigentlich sollte jetzt die Stunde der Kirchen
schlagen! Sie haben Einfluss auf die politisch Handeln-
den. Putin zeigt sich gern mit dem russisch-orthodoxen
Patriarchen Kyrill – und der sich mit ihm. Da müsste
der Patriarch Putin klarmachen, dass Krieg nach Gottes
Willen nicht sein soll! Dass Krieg und christlicher Glauben nicht zusammengehen, haben die Kirchen der Welt
1948 im Ökumenischen Rat erklärt. Die russisch-orthodoxe Kirche ist dort Mitglied. Der ÖRK wie auch die
Weltreligionen für den Frieden haben Kyrill aufgefordert, seinen Einfluss geltend zu machen. Aber er verurteilt den Krieg nicht. Allerdings – und das macht mich
hoffnungsvoll – haben es inzwischen Hunderte ortho-
doxe Priester in Russland getan und auch der rus-

sisch-orthodoxe Metropolit in Kiew. Gut so. Denn bei diesem Thema gibt es nichts zu deuten. Es geht um die Botschaft Jesu: Frieden stiften, das Schwert zurück an seinen Ort stecken! Jetzt braucht es keine schönen Bilder, sondern eindeutige Worte und Taten: Krieg soll nach Gottes Willen nicht sein!

Es gab ja ein paar Jahre, in denen aus kleinen pazifistischen Mosaiksteinchen ein großes Mosaik wurde. Die Friedensbewegung. Sie waren beide dabei. Wir befinden uns jetzt Anfang der 80er-Jahre, die Blöcke stehen einander gegenüber…

Käßmann: Bei der Friedensdemonstration im Hofgarten, da waren wir wahrscheinlich beide, oder?

Wecker: Da waren wir beide. Wir waren auch sicher bei einem der »Künstler für den Frieden«-Konzerte mit Harry Belafonte. Ich durfte Harry Belafonte sogar begleiten.

Was war Ihr Eindruck damals? Die Situation vor Augen, der Dritte Weltkrieg könnte kurz bevorstehen – Austragungsort selbstverständlich Mitteleuropa?

Wecker: Nein, das hatte ich damals so nicht vor Augen. Es war mir nur klar, dass es wichtig und notwendig ist, zum Beispiel gegen Pershing II vorzugehen. Aber ich hatte nicht annähernd so viel Angst vor einem wirklichen Dritten Weltkrieg wie jetzt.

Warum?

Wecker: Weil es damals noch nicht so weit war. Vielleicht lag es auch nur daran, dass ich noch jünger und lockerer war. Aber damals war nicht die große Angst, es war eher eine Wut in mir, dass da wieder etwas losgehen sollte, von dem wir gedacht hatten, wir hätten es schon überwunden. Es war für mich wichtig, für den Frieden zu singen, für den Frieden einzutreten, aber eine Angst, wie ich sie heute um meine Kinder habe, hatte ich damals nicht.

Wie haben Sie die Friedensbewegung erlebt, Frau Käßmann?

Käßmann: Ich habe die Friedensbewegung als eine erlebt, die es weit über Deutschland hinaus gab. Das war wirklich eine internationale Bewegung. Ich kann mich an ein Friedensgebet junger Christen am Hiroshima-Tag 1983 am Pazifik erinnern. Da waren Russen, Deutsche, Franzosen, Engländer, Ungarn, Tschechen – viele junge Leute, die das Friedensgebet gehalten haben. Es war mehr das Gefühl: Auf allen Seiten gibt es die, die Frieden wollen. Ich war auch der DDR-Friedensbewegung sehr verbunden. Da hat man gesehen: Auf der anderen Seite der Mauer denken sie ja genau dasselbe wie du und ich. Ich muss sagen, wenn ich in der deutschen Geschichte auf etwas stolz bin, dann ist es die DDR-Friedensbewegung. Stolz können sie darauf sein, dass aus den Kirchen in Ostberlin, Leipzig oder Dresden der Ruf

»Keine Gewalt« auf die Straße getragen wurde. Ich denke, vor fünfundzwanzig Jahren war das Gefühl ganz stark: Jetzt bricht eine neue Zeit an. Heute müssen wir zwar sagen: Okay, leider war das nicht der große Durchbruch. Aber die Möglichkeit war da, denke ich.

Wecker: Eigentlich ist das die Antwort auf die Frage: Ich hatte deshalb nicht so viel Angst, weil ich viel zuversichtlicher war. Ich trat ja zum Beispiel mit Joan Baez auf. Wenn man mit diesen Menschen auf der Bühne steht, dann hat man 70 000 Zuschauer – etwa in der Arena bei »Künstler für den Frieden«. In Ulm bei der »Friedenskette« waren es sogar 300 000 bis 400 000 Leute. Wenn man die Menschen da zusammenstehen sieht, dann tankt man natürlich eine ganze Menge Mut und Zuversicht.

Christian Führer, einer der wichtigen DDR-Pfarrer bei der Friedlichen Revolution 1989, hat gesagt: »Keine Gewalt!« Das war für ihn die kürzeste Formel, auf die die Bergpredigt gebracht werden kann. Auch das war ja eigentlich eine Neuentdeckung der Kirchen.

Käßmann: Christian Führer war eine Symbolfigur. Er hat die Nikolaikirche in Leipzig geöffnet und es damit nicht immer leicht gehabt. In seiner Biografie erzählt er wunderbar, wie seine Kirchenoberen ihm gesagt haben: Wir müssen aufpassen, das Gleichgewicht halten. Wieso lässt du jetzt Stephan Krawczyk und Freya Klier da reden, die noch nicht mal Kirchenmitglieder sind? Aber er ist konsequent geblieben, auch nach der Revolution beim Thema Irakkrieg. Die Friedensgebete gingen weiter, und Christian Führer war bis zuletzt Pazifist, völlig eindeutig und beeindruckend. Er hat einiges riskiert, aber er kannte das schon seit seiner Kindheit. Sein Vater war auch Pfarrer, und es hat lange gedauert, bis er aus dem Krieg zurückkam. Das waren alles imposante Gestalten. Friedrich Schorlemmer, der ja noch lebt, hat 1983 beim Kirchentag in Wittenberg tatsächlich ein Schwert zum Pflug umschmieden lassen. Demonstranten wurden verhaftet für ihre Aufnäher »Schwerter zu Pflugscharen«. Ein Zitat des Propheten Micha war staatsgefährdend. Ich fand das damals ein wunderbares Zeugnis, dass die Bibel für einen Staat so gefährlich werden kann.

Wecker: Wenn ich da anknüpfen darf: Wir werden heute nicht verhaftet und wurden es auch damals nicht. Dorothee Sölle hat in ihrem Buch aber sehr schön beschrieben, wie wir stattdessen mundtot gemacht werden. Sie spricht von Trivialisierung. Es gibt für sie zwei Möglichkeiten, Menschen zu unterdrücken. Die eine ist: Du unterdrückst durch staatliche Gewalt alles, was anders ist. Die zweite Möglichkeit hat speziell der Neoliberalismus mit seiner Werbung und PR perfektioniert. Er schafft es, alles zu trivialisieren. Du darfst alles, du kannst dir jeden Aufkleber anheften, aber es bedeutet nichts mehr. Das ist eine große Gefahr. In den letzten zehn, zwanzig Jahren fiel mir das bei jüngeren Leuten auf. Es war einfach nicht mehr sexy, sich zu engagieren. Sexy ist es, sich in Einkaufszonen aufzuhalten und billig zu shoppen. Meine Hoffnung ist, dass angesichts des Ukrainekrieges und dessen Folgen wieder Demonstrationen und Friedensgebete stattfinden.

Ich komme noch mal auf die Friedensbewegung zurück. Die Jugend hatte damals etwas entdeckt, was gegen die eigenen Kirchenleitungen ging. Die Friedensbewegungen hätten wirklich ein Erfolgsmodell werden können, oder vielleicht sind sie es auch noch. Die direkte Botschaft des Mannes aus Nazareth, die schlagwortartig »Bergpredigt« genannt wird, diese absolute Friedfertigkeit, ohne Dogmen, ohne den Umweg Kirche, die direkte Entdeckung, dass der Mann selber eine Botschaft hatte, für die er auch gestorben ist.

Käßmann: In der Kirchengeschichte war es immer wieder so, dass die Kirche bürokratischer wurde. Dann gab es wieder eine Graswurzelbewegung, die gesagt hat: Schau mal, was in der Bibel steht! Es gab Reformbewegungen zu allen Zeiten.

Beim Kirchentag in Hannover 1983 verwandelten Zehntausende farbige Tücher mit dem Aufdruck: »Die Zeit ist da für ein Nein ohne jedes Ja zu Massenvernichtungswaffen«, die die Teilnehmenden des Abschlussgottesdienstes hochhielten, das Niedersachsenstadion in ein lila Meer. Das Tuch war während des Kirchentages und auch anschließend ein wichtiges Symbol in der Kirche. Im Gottesdienst war alles lila, die Leute haben sich nicht davon abhalten lassen, das Zusammensein für ein politisches Statement zu nutzen, auch wenn man von offizieller Seite darum gebeten hatte, dies nicht zu tun. Die Tücher wurden getragen, weil die Menschen überzeugt waren: Jetzt ist es an der Zeit, um gemeinsam gegen Waffen und Krieg zu protestieren.

Kurz danach fand die Vollversammlung des Ökumenischen Rates der Kirchen in Vancouver statt. Von ihr ging der konziliare Prozess »Gerechtigkeit, Frieden, Bewahrung der Schöpfung« aus. Das war eine breite kirchliche Bewegung, an der bis 1990 viele, viele Menschen beteiligt waren. Wir haben die Texte geschrieben, als die Mauer fiel, und 1990 gab es noch eine Weltversammlung in Seoul. Da haben die Kirchen der Welt gesagt: Wir werden alles tun, um gewaltfrei miteinander zu leben und den Krieg als Mittel der Konfliktlösung abzuschaffen.

Warum ließ sich das nicht exportieren? Deutschland – darauf kann man ja wirklich stolz sein – ist eben nicht nur das Land der Shoa, sondern auch das Land der friedlichen Revolution, das die zwei Machtblöcke des Kalten Krieges ins Wanken gebracht hat. Warum ließ sich das nicht exportieren, und warum ließ sich diese Botschaft und Neuentdeckung der Basis – diese »Jesus-Bewegung« nenne ich das mal – in den Kirchen nicht halten?

Käßmann: Die hält sich ja schon. Ich meine, diese Bewegung ist noch da. Sie ist natürlich wesentlich kleiner geworden. Ich bin keine Historikerin, aber ich glaube, dass es 2001 noch mal eine Chance zum Durchbruch gab. Als die Twin Towers fielen, gab es in der ganzen Welt eine Welle der Sympathie für Amerika; Empathie und Mitleiden. Damals dachte ich: Kurz vorher sind in den USA Wahlen gewesen. Wenn George W. Bush nicht gewonnen hätte, sondern Al Gore – das war ja eine knappe Wahl –, was wäre dann passiert? Die Weltgeschichte hätte sich vielleicht anders abgespielt, wenn die Antwort nicht gewesen wäre: Krieg.

Wecker: Ich kann mich gut erinnern, was der Dalai Lama damals gesagt hat. Er sagte ganz deutlich und mit sehr viel Mitgefühl, dass die Antwort eben »Kein Krieg!« sein sollte. Damit hätte man auch eine gewisse Größe zeigen können.

Aber es ließ sich nicht exportieren, auch nicht durch die Erfahrung einer friedlichen Revolution.

Käßmann: Doch, die Erfahrung wurde, wie ich finde, schon exportiert. Das haben wir auf dem Maidan gesehen. Das haben wir auch in vielen Bewegungen in Nordafrika gesehen. Aber im Sommer 1989 haben wir zum Beispiel in Peking gesehen, wie junge Menschen niedergemetzelt wurden. Am 4. Juni wurden sie mit der brutalen Gewalt von Armeen ermordet. Am Arabischen Frühling sehen wir, dass diese Ideen da sind, dass die Menschen Freiheit wollen. Aber die Macht der Gewalt, der Gewehre war einfach stärker.

Wecker: Also, ich denke mir die ganze Zeit, was wäre eigentlich, wenn hier ein Waffenhändler sitzen würde, der ganz ehrlich ist? Der würde uns sagen: Leute, wir wollen gar keinen Krieg gewinnen, wir wollen, dass immer Krieg ist. Dem System hilft der dauernde Krieg. Das muss man auch mal bedenken. Es ist ja alles Lüge. Erzählt wird uns: Es soll ein Krieg gewonnen werden. Aber wenn einer gewonnen wird, wird irgendwo ein neuer angefacht. Wir dürfen auch nicht vergessen, dass der Westen in den letzten zwanzig Jahren, in denen es uns vergleichsweise gut ging, das ganze Elend exportiert und in andere Regionen getragen hat. Ich bin zum Beispiel mit dem österreichischen Schuhunternehmer Heini Staudinger befreundet. Der macht ganz »ehrliche« Schuhe in Handarbeit, bezahlt seine Leute gut und ist ein toller mittelständischer Unternehmer. Der erzählte mir, dass die großen Schuhkonzerne normalerweise ihre Schuhe in Peking machen lassen – für 20 Cent in der Stunde. Jetzt lagern die Pekinger die Produktion nach Äthiopien für 4 Cent in der Stunde aus. Ich meine, darüber müssen wir natürlich auch reden. Das hat alles mit diesem System zu tun. Das System will im Endeffekt, dass es permanent Unruhen gibt, weil diese Unruhen auch wieder Geld bringen.

Also Frieden muss eingeübt werden, und es braucht andere Strukturen als die, die wir haben.

Wecker: Es braucht andere Strukturen und es braucht Träume, um diese anderen Strukturen durchzusetzen. Ich träume von einer Revolution, aber sie darf nicht wie die Französische sein, die ihren Zweck schnell erfüllt und eingebüßt hat. Diese Revolution war ein völliger Fehlschlag, weil hernach wieder die gleichen Strukturen geschaffen wurden – auf andere Weise, aber wieder mit Gewalt. Mein Traum von einer friedlichen Revolution, von einer Revolution der Zärtlichkeit, mein Traum davon, dass sich die Träume der Menschen vernetzen – diese Idee ist ja zum Teil in der Hippiebewegung aufgekommen. Man macht sich so gerne lustig über diese Bewegung, aber was gibt es denn Schöneres, als wenn sich Menschen an den Händen fassen und sagen: »Make love, not war«? Das ist doch wunderbar! Darüber gibt es nichts zu lachen. So sollte die Welt sein! Ich habe auch nie darüber gelacht, obwohl ich aus der Kirche ausgetreten bin, wenn sich Leute zum Beispiel in einer Kirche an den Händen fassen. Das ist nicht einfach nur naiv und blöd, sondern es ist ein Versuch, etwas zu gestalten und sich nahezukommen. Und diesen Traum, den werde ich weiter träumen.

Jetzt fragen wir uns konkret: Warum lässt sich das nicht mehr vermitteln? Was können wir machen, um ein System, das das nicht zulassen will, zu verändern? Keinem Staat, auch nicht einer Demokratie, wird es im Endeffekt recht sein, wenn die Bürgerbewegung stärker ist als die Institution. Was können wir machen, um wieder eine Bürgerbewegung zu starten?

Sind Sie bei der Revolution mit dabei, Frau Käßmann?

Käßmann: Bei der gewaltfreien Revolution auf jeden Fall. Für mich wäre der erste konkrete Schritt, die Frage der Rüstungsexporte anzugehen. Das haben die Kirchen immer wieder gesagt, und wir sehen ja auch immer wieder, dass Richtlinien umgangen werden. Die weltweiten Rüstungsausgaben haben im Jahr 2021 einen Rekordwert erreicht, die unvorstellbare Summe von mehr als zwei Billionen US-Dollar.

Ihre Entrüstung darüber teilen viele. Trotzdem müssen sie Kritik einstecken, wenn sie sich darüber empören.

Käßmann: Ich wurde ja sehr belacht, weil ich auf die Frage des *SPIEGEL:* »Wenn Sie so gegen das Militärische sind, können Sie doch gleich gegen die Bundeswehr sein«, gesagt habe: Ja, das ist eine Utopie. Es ist eine Utopie. Das wurde dann auch belacht. Hahaha. Aber ich finde, wir brauchen solche Utopien, dass der Mensch auch in einem Land ohne Armee leben könnte. Das wünsche ich mir. Wir haben ja erst 1955 die Wiederbewaffnung der Bundeswehr gehabt und 1956 die der NVA. Wir haben in Deutschland zehn Jahre ohne Militär gelebt, und ich weiß nicht, warum man nicht davon träumen darf, dass das möglich sein sollte. Der Waffenexport jedenfalls ist für mich der allererste Punkt. Dann kommt die Verbindung mit Menschen in anderen Ländern. So eine Bewegung müssen wir wieder herstellen. Vielleicht können wir es über das Internet arrangieren. Das soll ja immer schön verboten werden, denn das mögen ja gerade die Diktatoren überhaupt nicht, wenn Menschen frei denken können. Aber die Gedanken sind frei. Die Internetnutzung ist durchaus auch mit Problemen und Risiken verbunden, aber das kann es jedenfalls: Menschen verbinden. Das haben wir beim Arabischen Frühling gesehen. Da sind viele junge Leute in sogenannten muslimischen Ländern, die Freiheit wollen. Es gibt sehr viele Frauen in diesen Ländern, die auch Freiheit, freies Denken wollen und nicht Unterdrückung durch Waffengewalt. Seit vielen Jahren werden Menschen in Russland und Belarus verfolgt und inhaftiert, die für Freiheit und Frieden auf die Straßen gehen.

Wecker: Das Problem ist, dass – bis auf ganz wenige Ausnahmen – noch nie ein wirklich gewaltloser Widerstand probiert wurde. Es gibt diese schönen Beispiele, über die leider viel zu wenig in den Medien berichtet wird, wo – auch in der Ukraine, denn es gibt in der Ukraine eine pazifistische Bewegung – Leute mit weißen Fahnen auf sowjetische Soldat*innen zugegangen sind und diese umgedreht sind. 1943 – das ist leider auch viel zu wenig bekannt – hat die gesamte dänische Bevölkerung 7000 dänische Jüdinnen und Juden vor dem Mord bewahrt, indem sie sie versteckt haben, indem sie Widerstand gegen die Besatzer geleistet haben. Man muss es auch einmal anfangen. Ich bin vor allem Künstler, ich bin kein Politiker, und ich werde diese Idee weitertragen, denn es ist eine Idee zur Rettung der ganzen Menschheit. Wir müssen irgendwann beginnen, Frieden zu schaffen ohne Waffen.

Das Weitertragen dieser Idee kann ja ruhig anders organisiert sein als früher: Ich habe bei einem Seminar mit ein paar jungen Musikpädagogen über das Internet gesprochen. Die waren so um die zwanzig, zweiundzwanzig Jahre alt. Sie haben gesagt: Wissen Sie, Herr Wecker, das war Ihre Zeit, wo man noch auf die Straße gegangen ist. Heute muss ein Widerstand auch anders aussehen. Wir vernetzen uns anders, das muss nicht auf der Straße sein, das passiert eben viel mehr über das Internet. Ich wäre bereit, da umzudenken. Die gute alte Demo, wie man sie kennt, gibt es so derzeit leider nicht mehr – so sehr ich es hoffte! Man kann aber auch mit anderen Formen der Vernetzung arbeiten.

Wir haben bereits davon gesprochen, dass Menschen heute in unterschiedlichen parallelen Welten leben, da wird es höchste Zeit, einmal zu fragen: Was ist denn Pazifismus für Sie heute? Es ist ja ein Null- und Nichtswort geworden, ein Totschlagwort, wofür es schnell mal eines über die Mütze gibt. Man stempelt Pazifisten als naiv ab, und dann ist es gut.

Wecker: Vor ein paar Jahren, als ich Arno Gruen kennenlernen durfte, hatten wir eine Pazifismus-Konferenz in Tübingen, und wir, die Teilnehmer, hatten uns nach zwei Tagen auf einen radikalen Pazifismus geeinigt. Da waren sehr interessante Leute, unter anderem Hans-Peter Dürr, der wunderbare Physiker. Er war sich mit uns einig: Pazifismus hat nichts damit zu tun, dass man ein »Weichei« ist. Es bedeutet, nicht einfach alles mit sich geschehen zu lassen, sondern sich unbedingt auch einzumischen. Für mich persönlich heißt Pazifismus auch immer mehr, mich einer Idee wirklich gewaltfrei hinzugeben, und das mit allen Konsequenzen.

Heute belächeln wieder viele die pazifistische Idee – als ob sich Krieg durch Demonstrationen und Gebete beenden ließe.

Käßmann: Es heißt ja oft: »Ihr kleinen Leute auf der Straße habt keine Ahnung von Weltpolitik. Ihr seid nett, aber possierlich. Realpolitik heißt: Waffen liefern, aufrüsten, klare Kante zeigen.« Doch niemand von den Demonstrierenden und Betenden meint, er oder sie habe eine »bessere« Moral. Du kannst schuldig werden, wenn du für Waffen argumentierst – und du kannst schuldig werden als Pazifistin. All der Kriegslogik zum Trotz halte ich aber daran fest, dass mehr Waffen keinen Frieden schaffen. »Selig sind, die Frieden stiften«, sagte Jesus. Frieden wächst nur mit friedlichen Mitteln. Daran halte ich fest, auch wenn ich dafür lächerlich gemacht werde.

Pazifismus wird mit Nichtstun verwechselt?

Wecker: Ja, aber das sollte man eigentlich überhaupt nicht sagen. Pazifismus hat etwas sehr energetisches, wie ich finde. Es geht nicht um Nichtstun. Man ist auch berechtigt, wütend zu sein. Ich habe in dem Lied »Wut und Zärtlichkeit« geschrieben, dass Gegensätze, wie sie der Titel enthält, zusammengehören.

Käßmann: Ich kann sagen, was Martin Luther gesagt hat: Dass der Mensch sehr zornig werden darf, weil nur Zorn etwas in Bewegung bringt. Es ist oft so, dass gerade der Zorn auch Mut macht, überhaupt etwas zu tun. Für mich ist Pazifismus eine Haltung der Gewaltfreiheit.

Dass Jesus im Garten Gethsemane, als einer ihn mit dem Schwert verteidigen wollte, gesagt hat: Steck das Schwert weg, dass er lieber selbst gestorben ist, als sich mit Gewalt verteidigen zu lassen – das ist für mich das Grundsymbol. Es bedeutet, gewaltfrei in persönlicher Beziehung leben, sich aber auch gegen jede Form von Militarismus zu wenden. Das ist in einer Welt, die am Militär verdient, natürlich schwierig, weil es da auch um Macht geht, gar keine Frage. Die Bundesrepublik Deutschland gibt allein offiziell derzeit mehr als 52 Milliarden im Jahr für das Militär aus und 55 Millionen für Friedensinitiativen[2]. Da zeigt sich das absolute Missverhältnis.

Ich bewundere Leute, die in einer Situation, in der sie Angst um das eigene Leben haben müssen, versuchen, gewaltfrei in Konflikten zu vermitteln. Deren Geschichten werden zu selten erzählt. Da gibt es nämlich viele Geschichten. Einige sind in dem Buch *Religion macht Frieden* nachzulesen. Es zeigt religiös motivierte Akteure: Muslime, Hindus, Christen, Juden, die in gewalthaltigen Konflikten vermitteln. Sie sagen, dass gerade sie das können, weil sie vor Ort sind, weil sie die Menschen kennen. Aber sie tun es unter Gefährdung ihres eigenen Lebens.

Auch die Religionen dieser Welt werden tendenziell immer mehr verlacht. Der Blick auf sie verändert sich: Es tauchen in den Medien weltweit ständig »religiöse« Menschen mit Waffen in der Hand auf. Das färbt aber doch auch auf alle Religionen ab, auch auf das Christentum.

Wecker: Da bin ich für mich zu einer Formel gekommen: Wenn irgendjemand mir erzählen will, er wisse, was Gott will, dann werde ich schon mal wütend! Das ist einfach nur Quatsch. Religion heißt nicht, dass einer sich plötzlich hinstellt und sagt, er wüsste, was Gott ihm gesagt hat, und er müsse das der Welt überstülpen. So etwas kann ich nicht mehr als religiös oder spirituell ernst nehmen. Denn es führt dazu, dass ich mir einbilde, Gott wolle von mir, dass ich für ihn als Gotteskrieger kämpfe. Wir brauchen ja nicht so zu tun, als wäre das nur bei Muslimen der Fall. Die katholische Kirche hat, wie überhaupt alle christlichen Kirchen, über Jahrhunderte aus Gotteskriegern bestanden. Priester segnen heute noch Waffen, wenn es sein muss. Dieser Typus des religiösen Kriegers hat viele Menschen, wie auch mich, zu Recht von der Religion abgebracht. Ich bin erst durch die Mystik eigentlich wieder zur Religion gekommen und auch durch den Mann aus Nazareth, der für mich eine ganz große Rolle spielt. Ich finde es sensationell, dass es so einen Menschen gegeben hat – in einer 12 000 Jahre andauernden Geschichte, in der fast nur Psychopathen die Menschheit angeführt haben. Ob Alexander der Große oder Napoleon. Und da, plötzlich, entwickelt dieser Mann aus Nazareth eine Idee der Gewaltfreiheit, der Gleichheit von Mann und Frau, die so außergewöhnlich ist, dass sie sich in der Realität nicht durchsetzen konnte, aber sehr wohl als Idee. Vielleicht lieben wir auch deswegen die Träumer so sehr: weil wir diesen Traum lieben. Auch wenn er sich nicht in jedem Winkel der Welt durchsetzen konnte, nicht mal in der eigenen Kirche – er ist als Traum ungemein wichtig.

Frau Käßmann, Herr Wecker würde also nicht zuhören, wenn Sie predigen. Oder wie habe ich das zu verstehen?

Käßmann: Sie finden keine Predigt von mir, in der ich sage: Ich weiß, was Gott will. Ich halte es für Blasphemie, dass jemand sagt, er wisse in einer bestimmten Situation genau, was Gottes Wille sei. Ich lese die Bibel als ein Buch der Glaubenserfahrungen von Menschen. Es sind meine Väter und Mütter im Glauben, die aufgeschrieben haben, was sie an Erfahrungen mit Gott gemacht haben, und das beziehe ich auf heute. Und wenn mir vorgeworfen wird, ich sei zu politisch im Predigen, kann ich nur sagen: Ich kann die Bibel doch nicht lesen ohne Bezug zu heute. Wenn da steht »Selig sind, die Frieden stiften« lässt sich nicht behaupten, das hätte heute mit Frieden nichts zu tun. Da steht: »Der Fremdling, der unter euch wohnt, den sollt ihr schützen.« Kann ich das lesen, als hätte das mit Asylsuchenden und Flüchtlingen heute nichts zu tun!? Die Bibel hat für mich immer mit heute zu tun. Für mich ist die Kirche immer in die Irre gegangen, wenn sie Waffen gesegnet hat. Luther hat gesagt: Guck in der Bibel nach, wenn du dein Gewissen schärfen willst. Und was das Segnen von Waffen betrifft, da kann ich nur sagen: Davon steht im Neuen Testament nichts, aber auch gar nichts.

Aber das Problem sehen Sie auch, dass all die Abbildungen mit religiös motivierten Menschen, die, mit Waffen ausgestattet, drauf und dran sind, Gewalt religiös zu legitimieren?

Käßmann: Wir müssen ihnen absprechen, dass sie im Namen ihrer Religion handeln. Das tun auch viele Muslime. Ich nehme mal Aiman Mazyek als Beispiel, den Vorsitzenden des Zentralrats der Muslime in Deutschland. Der hat ganz klar gesagt: Wenn ein Jude oder eine Synagoge angegriffen wird, bin ich Jude, wenn eine Kirche angegriffen wird, bin ich Christ, wenn eine Moschee angegriffen wird, bin ich Moslem. Das, finde ich, ist eine überzeugende Haltung. Wir müssen auch wahrnehmen, dass ganz viele sich von dieser Gewalt distanzieren. Die meisten Opfer dieser Irren sind Muslime. Die Attentäter reißen meistens Muslime in den Tod, und ich finde, wir müssen uns mit den friedliebenden, freiheitsliebenden und demokratieüberzeugten Muslimen zusammentun. Auf dem Reformationsjubiläum 2017 in Wittenberg haben Juden, Christen und Muslime in dieser Weise ein hoffnungstiftendes Zeichen gesetzt.

Wecker: Da denke ich an den Pazifismus-Abend, den wir beide vor der Wittenberger Schlosskirche gestaltet haben – du mit Texten, ich mit Musik. Der große Zuspruch zeigt: Pazifismus ist kein Nischenthema.

Käßmann: Wir überfordern uns alle, wenn wir sagen, wir können die ganze Welt aushebeln. Da werden wir verrückt. Aber es ist so: Jemand macht als Künstler seinen Teil, ich mache als Theologin meinen Teil, und wenn ganz viele Menschen an ihrem Ort ihren Teil tun, verändert sich auch etwas.

Wecker: Das ist genau meine Vorstellung von einer Revolution, und ich bin deswegen guter Dinge, weil ich das Gefühl habe, es kann sich auf diese Weise ganz schnell multiplizieren. Wir haben ja schon von den verschiedenen Universen gesprochen: In meinem Universum gibt es Menschen, die tolle Aktionen machen, zum Beispiel gründen sie zusammen einen Supermarkt – verpackungsfrei. Da treffen sich hundert Leute: Jeder arbeitet dort einen Tag im Monat. Ich finde das klasse, und das Gute ist: Es funktioniert. Ich kenne Unternehmer mit fünfzig oder sechzig Angestellten, die anständig und nachhaltig wirtschaften. Meine nächste Tour wird jetzt sogar gesponsert, was ich sehr schön finde. Es ist eigentlich weniger ein Sponsoring als ein gemeinsames Arrangement mit den aufständischen Milchbauern in Österreich. Die sind klasse. Als ich die Leute kennenlernte, habe ich gesagt: Ihr tut ja wirklich was. Sie antworteten mir: Herr Wecker, das machen wir nur, weil wir vor zwanzig Jahren Ihre Lieder gehört haben. Da habe ich mir gedacht: Donnerwetter, man bewirkt doch was.

Wie soll man Ihrer Meinung nach dann aus pazifistischer Sicht mit so einem Angriffskrieg umgehen?

Käßmann: Ich habe darauf keine einfache Antwort über die humanitäre Versorgung der Flüchtlinge hinaus. Pazifisten plädieren allerdings für eine langfristige Friedenspolitik, in der vorher entschieden wird: »Wir müssen jetzt deeskalieren, wir müssen verhandeln.« Aber das langfristige diplomatische Handeln, auch durch Sanktionen, verlieren wir immer wieder aus dem Blick. Die jetzigen heftigen Sanktionen gegen Russland hätten ja schon vor elf Jahren bei Beginn des Syrienkrieges oder 2014 bei der Annexion der Krim eingesetzt werden können. Wenn es dann zur Eskalation kommt, sagen alle, jetzt helfen nur noch Waffen.

Wecker: Stimmt, es muss viel früher angesetzt werden. Und es braucht andere Strukturen – und Träume, um sie durchzusetzen. Mein Traum von einer Revolution der Zärtlichkeit, davon, dass sich die Träume der Menschen vernetzen – diese Idee ist ja zum Teil in der Hippiebewegung aufgekommen. Man macht sich so gerne lustig über diese Bewegung, aber was gibt es denn Schöneres, als wenn sich Menschen an den Händen fassen und sagen: »Make love, not war«? Darüber gibt es nichts zu lachen. So sollte die Welt sein!

Und wie stellen Sie sich das jetzt konkret in Bezug auf diesen Krieg vor?

Wecker: Wir brauchen eine internationale Friedens- und Antikriegsbewegung und eine Vision eines friedlichen europäischen Hauses, wie es unter anderem Gorbatschow für eine Friedensordnung nach dem Kalten Krieg vorgeschlagen hatte. Auch sollten wir unsere Friedensfreundinnen und -freunde in Russland unterstützen: Es braucht eine Massenmobilisierung, eine Aufforderung an alle russischen Soldat*innen, den Befehl zu verweigern und zu desertieren. Nur eine Revolte unter den russischen Soldat*innen kann diesen Krieg sofort stoppen!

Herr Wecker, Sie sagen auch, eine Revolution – oder die Politik überhaupt – brauche etwas, das es dort bislang eher nicht gab, nämlich Spiritualität. Normalerweise will man Religion und Politik eher deutlicher trennen. Wie stellen Sie sich das also vor?

Wecker: Spiritualität ist keine Religion. Spiritualität ist ein schwieriges Wort. Es wird oft wahnsinnig missbraucht. Darum ist mir das Wort Mystik fast lieber, weil ich glaube, dass das noch ein bisschen deutlicher ist. Spiritualität ist inzwischen leider so ein Wischiwaschi-Begriff geworden. Ich meine das, was in mir wohnt, was ich als religiöser Mensch oder als Christenmensch Gottessuche nenne. Ich habe kein Problem mit dem Wort Gott. Es ist so viel da, was ich mit meiner Ratio nicht erfassen kann, was ich aber manchmal dennoch erlebe, gerade als kreativer Mensch, als Musiker. Ich erarbeite zum Beispiel meine Gedichte nicht, sie fallen mir zu. Sie kommen, sie sind plötzlich da. Und sie sind immer klüger als ich – die guten wenigstens. Und dann denke ich mir: Wo kommt das her? Ich weiß es nicht. Ich will jetzt nicht sagen, meine Gedichte wurden mir von Gott eingegeben, das ginge zu weit. Aber ich weiß, es gibt so vieles, das ich rational nicht erklären kann. Es gibt Momente, die wir alle kennen, diese wunderbaren heiligen Momente, in denen du plötzlich für eine Viertelstunde aufgehoben bist im Hier und Jetzt. Du brauchst keinen Lottogewinn, um dieses Glück zu empfinden, du brauchst nicht mal einen liebenden Partner. Ganz allein für dich gibt es diese Momente. Du bist einfach da, und alles stimmt. Das ist die Sehnsucht. Die Kabbalisten würden von einer Sehnsucht nach dem Ewigen sprechen, die Christen sprechen wahrscheinlich von einer Sehnsucht nach dem Reich Gottes?, das laut Jesus ja wunderbarerweise hier ist und kein enthobenes Himmelreich. Das bezeichne ich mit dem Begriff »Spiritualität«. In diesem inneren Raum finde ich auch mein Mitgefühl für andere. Auch die Träume wohnen in diesem nichtrationalen Raum. Den müssen wir zulassen. Denn wohin uns der rationale Raum führt, das haben wir in den letzten Jahrtausenden gesehen. Die Ratio der Männer führt uns seit 8000 Jahren in permanente Kriege und in Gewalt.

Spiritualität in der Politik, Frau Käßmann, wäre das auch etwas für Sie?

Käßmann: Ich denke, diese Räume brauchen Menschen. Sie müssen mal drei Schritte zurücktreten können. Für mich ist Spiritualität die Erfahrbarkeit, die sinnliche Erlebbarkeit meines Glaubens. Und solche Momente kenne ich natürlich auch. Für die Evangelischen ist das Singen, die Musik da sehr wichtig. Es sagen ja viele, Bach sei der fünfte Evangelist. Nehmen wir eine Kantate, ein Oratorium: Das erfüllt sich selbst, und du bist als Zuhörerin auch erfüllt. So etwas ist eine spirituelle Glaubenserfahrung für mich. Ich sehe die Politik so, dass ich den Menschen in den Blick nehme, ich denke dabei an Luthers Konzept vom Beruf. Du nimmst deinen Glauben und übernimmst Verantwortung vor Ort. Ich wünsche den Politikerinnen und Politikern, dass sie solche Momente noch haben, fürchte aber, die haben sie momentan gar nicht mehr.

Wecker: Genau das meinte ich. Ich meinte natürlich nicht, dass wir plötzlich einen spirituellen Grundsatz in die Politik hineinschreiben sollten, um Gottes willen. Aber Schröder hat einmal gesagt: Ich habe keine Zeit, über mich nachzudenken. Das ist genau der Haken an der Politik.

Eigentlich ist das der Haken an uns allen.

Wecker: Natürlich. Wenn wir keine Zeit haben, über uns nachzudenken, das heißt in uns zu gehen, eine gewisse Stille zuzulassen, dann kann das grausame politische Folgen haben.

Käßmann: Wir leben in einer Ablenkungsgesellschaft, die Stille gar nicht mehr zulässt. Die Menschen halten Stille mittlerweile kaum aus. Das erlebe ich ja schon im Gottesdienst, wenn ich um drei Minuten Stille bitte. Das ist für manche schon physisch kaum noch zu ertragen. Ich denke, so kommen wir nicht weiter. Da würde ich auch sagen, wir brauchen mehr Spiritualität. Wir brauchen Auszeiten, die uns kreative Kraft schöpfen lassen.

Der Trend geht aber gerade deutlich in die andere Richtung – oder, Herr Wecker? Warum dieser Umschwung in den Köpfen lange Zeit friedensbewegter Menschen, die sich nun für Waffenlieferungen an die Ukraine und für eine Aufrüstung der Bundeswehr aussprechen?

Käßmann: Weil das kriegerische Denken einfacher ist und es sehr gut in unsere immer noch von Männern beherrschte Welt passt. Es ist ein patriarchales Denken: kämpfen, kämpfen, kämpfen. Und genau das müssen wir ändern. Wir müssen uns endlich daran gewöhnen, dass wir eine liebevolle, herrschaftsfreie Gesellschaft wollen.

Herzlichen Dank.

Interview: Matthias Morgenroth / Uwe Birnstein

KLASSISCHE TEXTE ZUM FRIEDEN

EPITAPH AUF EINEN KRIEGER

Es blühen aus dem Schnee die Anemonen.
Mit seinem Herzen spielt das Kind. Und es verweint's.
Uns, die am Brunnenrand der Erde wohnen,
Ist Sonnenauf- und -niedergang nur eins.

Doch immer wieder quillt der Fluss von Felsen,
Und immer wieder Mond um Frauen wirbt;
Der Herbst wird ewig seinen goldnen Kürbis wälzen,
Und ewig Grillenruf im Grase zirpt.

Es führten viele fest ihr Pferd am Zügel.
Der Ruhm der tausend Schlachten ist verweht.
Was bleibt vom Heldentum? Ein morscher Hügel,
Auf dem das Unkraut rot wie Feuer steht.

FRIEDENSGEBET

Herr, mach mich zu einem Werkzeug deines Friedens,
dass ich liebe, wo man hasst;
dass ich verzeihe, wo man beleidigt;
dass ich verbinde, wo Streit ist;
dass ich die Wahrheit sage, wo Irrtum ist;
dass ich den Glauben bringe, wo Zweifel droht;
dass ich Hoffnung wecke, wo Verzweiflung quält;
dass ich Licht entzünde, wo Finsternis regiert;
dass ich Freude bringe, wo der Kummer wohnt.

Herr, lass mich trachten, nicht, dass ich getröstet
werde, sondern dass ich tröste;
nicht, dass ich verstanden werde, sondern dass ich
verstehe;
nicht, dass ich geliebt werde, sondern dass ich liebe.

Denn wer sich hingibt, der empfängt;
wer sich selbst vergisst, der findet;
wer verzeiht, dem wird verziehen;
und wer stirbt, der erwacht zum ewigen Leben.
Amen

KRIEGSLIED (1774)

's ist Krieg! 's ist Krieg! O Gottes Engel wehre
Und rede du darein!
's ist leider Krieg – und ich begehre
Nicht schuld daran zu sein!

Was sollt ich machen, wenn im Schlaf mit Grämen
Und blutig, bleich und blaß
die Geister der Erschlagenen zu mir kämen
Und vor mir weinten, was?

Wenn wackre Männer, die sich Ehre suchten,
Verstümmelt und halbtot
Im Staub sich vor mir wälzten und mir fluchten
In ihrer Todesnot?

Wenn tausend, tausend Väter, Mütter, Bräute,
So glücklich vor dem Krieg,
Nun alle elend, alle armen Leute,
Wehklagen über mich?

Wenn Hunger, böse Seuch und ihre Nöten
Freund, Freund und Feind ins Grab
Versammelten, und mir zu Ehren krähten
Von einer Leich herab!

Was hülf mir Kron und Land und Gold und Ehre?
Die könnten mich nicht freun!
's ist leider Krieg – und ich begehre
Nicht schuld daran zu sein!

EMPÖRUNG DES VERSTANDS
UND UNSERER HERZEN (1914)

Liebwerte Schwestern!

Da die Umstände es mir leider verwehrt haben, in Ihre Mitte zu kommen, so will ich doch schriftlich an der ersten Tagung des »Frauenbundes der Deutschen Friedensgesellschaft« teilnehmen, indem ich der großen freudigen Genugtuung Ausdruck gebe, die ich darüber empfinde, dass sich ein solcher Bund gebildet hat. Seien Sie mir gegrüßt und beglückwünscht, verehrte Kämpferinnen.

Denn als solche werden Sie sich bewähren müssen: Es wird Ihnen nicht ganz leicht gemacht werden, für die pazifistischen Ideale einzutreten. Auch unter den Frauen selber dürften Ihnen viele Gegnerinnen erwachsen. Es ist durchaus nicht richtig, wie manche behaupten, die in der Friedensbewegung nur eine unmännliche Sentimentalität sehen, daß alle Frauen von Natur aus dem Kriege abhold sind. – Nein, nur die fortschrittlich gesinnten Frauen, nur solche, die sich zu sozialem Denken erzogen haben, sind es, die die Kraft haben, sich von dem Banne tausendjähriger Institutionen zu befreien, und zugleich die Kraft aufbringen, dieselben zu bekämpfen.

Die Zeit rückt immer näher, da die Frauen im Rat der Völker, in der Lenkung politischer Dinge Sitz und Stimme besitzen werden, es wird ihnen daher möglich sein, gegen das, was sie als Kulturschäden erkannt haben, nicht lediglich zu protestieren, sondern an der Umwandlung der Zustände tätig und praktisch mitzuwirken.

Dabei werden und dürfen sie ihre spezifischen weiblichen Eigenschaften als da sind: Milde, Reinheit, Mitleid, warme Menschenliebe – nicht zurückdrängen, sondern in der Erlangung einer höheren Zivilisationsstufe mit in den Dienst stellen.

Nicht als ob es Aufgabe und Bestimmung der Frauen wäre, allein die kriegslose Kultur herbeizuführen; doch ist ihre Mitarbeit zur Beschleunigung und Erreichung unerläßlich. Zur Stunde sind gar viele männliche Kräfte am Werke, den Krieg abzuwehren, den unerträglich gewordenen Rüstungen ein Ziel zu setzen, die verhetzten Völker miteinander zu versöhnen, die Treibereien der Interessenten der Waffenfabrikation zu entlarven. Wir sehen, dass die Juristen, die Völkerrechtler, die Nationalökonomen, die Arbeiter und die Handelsleute – jeder von seinem Standpunkt die Ergebnislosigkeit des Krieges und die Schädlichkeit der allen Wohlstand untergrabenden Rüstungen anklagen; wir lesen die genialen Bücher eines Notman Angell, die den mathematischen Beweis erbringen, daß keine Landeseroberung noch Gewinn bringen kann, – kurz: politisch und ökonomisch, logisch und soziologisch wird dem anarchis-

tisch gewordenen System der gegenseitigen Menschen-
abschlachtungen entgegengearbeitet.

Auch zahlreiche Geistliche verschiedenster Bekennt-
nisse beginnen, sich pazifistisch zu organisieren und
nun treten die Frauen auf den Plan. Da fragt es sich,
welche besondere Aufgabe fällt diesen zu? Eigentlich
können wir, soweit unsere Kenntnisse und Einflüsse reichen, auf all den oben genannten Gebieten uns betäti-
gen, denn heute sind uns ja keine sozialen Studien mehr
verwehrt, und täglich stehen uns mehr öffentliche Äm-
ter offen.

Aber noch eines mehr können wir tun, vor dem die
meisten Männer sich zurückhalten, weil sie nicht als
schwachmütig und rührselig erscheinen wollen: lassen
wir unsere Herzen sprechen. Im Namen der Liebe, diesem heiligsten aller Gefühle, das ja als die eigentlichste
Domäne des Weibes gilt, im Namen der Güte, die ja erst
den Menschen »menschlich« macht, im Namen des
Gottesbegriffs, zu dem sich unsere Ehrfurcht erhebt,
wollen wir den Krieg bekämpfen; nicht nur, weil er sich
nicht mehr auszahlt und daher eine Torheit – sondern
weil er grausam und daher ein Verbrechen ist. Das soll
in all dem Aufwand von politischen und ökonomischen
Argumenten nicht vergessen werden. Desto besser,
wenn sich der Verstand auch gegen den Krieg auflehnt,
aber unterdrücken wir darum nicht die Empörung unserer Herzen. Nicht nur das Denken und Erkennen, das
Rechnen und Schlußfolgern zeugt von unseren Seelen-
kräften, sondern auch das Fühlen. Klar und scharf sollen unsere Gedanken sein, warm und edel die Gefühle

– erst so ist die volle Menschenwürde erreicht. Richtige Schlüsse ziehen ist schön – begeistert sein ist schöner. Leidenschaft brauchen wir, um zu handeln und zu wirken – nur Leidenschaft reißt hin.

Zu den Gefühlen, die uns der Krieg einflößt, gehört leidenschaftlicher Mitschmerz; denn die Gräuel, die himmelschreienden Leiden, die er verursacht, gehen schon über die Grenzen des Erträglichen hinaus. Er nimmt ja täglich mit jeder neuen Heeresverstärkung, jeder neuen Erfindung an Fürchterlichkeit zu. Warten wir nur, bis alle Details aus den Balkankämpfen uns zur Kenntnis kommen – die Verjagten, die Massakrierten, die Verhungerten, die lebendig Verbrannten … nein, gegen das alles darf man sich nicht verschließen. All dem Elend muß man ins Gesicht sehen, aber nicht, um es als Unglück zu beklagen, sondern als Schlechtigkeit anzuklagen! Denn es ist keine Elementarkatastrophe, es ist das Ergebnis menschlichen Irrwahns und menschlicher Fühllosigkeit. Also lassen wir uns durch den Vorwurf der Sentimentalität nicht abschrecken. Wir haben das Recht, wir Frauen, unsere Gefühle zu zeigen. Seit jeher, auch schon zu Römerszeiten, hatten die Mütter das Privileg, den Krieg zu hassen. Lassen wir uns ja diesen instinktiven Hass – der ja nur eine intensive Form von Menschenliebe ist – nicht rauben; er soll unter den mannigfaltigen Waffen, die unsere neue Zeit gegen barbarische alte Institutionen schmiedet, vielleicht eine der wirksamsten, gewiss eine der edelsten sein. Also liebe Schwestern, ans Werk und seid standhaft! Montecuculi sagte: »Zum Kriegführen braucht man Geld, Geld und wieder Geld.« Ich will nicht sagen, dass wir das Ding zu unserer Kampagne nicht auch gut brauchen könnten; aber die Hauptsache ist doch: Ausdauer, Ausdauer und noch einmal Ausdauer!

DER NEUE TOD (1918)

*Nicht mehr fliegen wir, Gott, in himmlischer Schaukel
zu dir,*
*Im goldenen Sarg, der sich in den Seilen der Arme
wiegt.*
Nicht mehr flattern um uns Chopins Vögel der Trauer,
Nicht decken uns weinende Gärten zu.
Und der streichelnde Blick der Geliebten.
Fort aus Umarmung und Jugend
Riss uns der Hass in die Erde.
O wie Posaune klingt eine Stimme,
Furchtbar ruft Abel nach seinem Leben,
Und Alle, Alle rufen wir mit.
Denn da ist Keiner, der Kain sein will.
Und deine Schulter, Vater, ist weit
Reue und Auferstehung hinzuweinen.

FANTASIE VON ÜBERMORGEN (1929)

*Und als der nächste Krieg begann, da sagten die
Frauen: Nein!
und schlossen Bruder, Sohn und Mann fest in der
Wohnung ein.*

*Dann zogen sie, in jedem Land, wohl vor des Haupt-
manns Haus und hielten Stöcke in der Hand und
holten die Kerle heraus.*

*Sie legten jeden übers Knie, der diesen Krieg befahl:
die Herren der Bank und Industrie, den Minister und
General.*

*Da brach so mancher Stock entzwei. Und manches
Großmaul schwieg.
In allen Ländern gab's Geschrei, und nirgends gab es
Krieg.*

*Die Frauen gingen dann wieder nach Haus, zum
Bruder und Sohn und Mann,
und sagten ihnen, der Krieg sei aus!
Die Männer starrten zum Fenster hinaus und
sahn die Frauen nicht an …*

WIR KÖNNEN NICHT MEHR SCHLAFEN

Ein einziger Mensch ist oft ein ganzes Volk
Doch jeder eine Welt
Mit einem Himmelreich wenn
Er der Eigenschaften uredelste pflegt:
Gott
Gott aufsprießen läßt in sich
Gott will nicht begossen sein
Mit Blut.
Wer seinen Nächsten tötet
Tötet im Herzen aufkeimend Gott
Wir können nicht mehr schlafen in den Nächten.

(aus dem Nachlass, 1958)

DANN GIBT ES NUR EINS! (1947)

*Du. Mann an der Maschine und Mann in der Werkstatt.
Wenn sie dir morgen befehlen, du sollst keine Wasserrohre und keine Kochtöpfe mehr machen – sondern Stahlhelme und Maschinengewehre, dann gibt es nur eins:
Sag NEIN!*

*Du. Mädchen hinterm Ladentisch und Mädchen im Büro.
Wenn sie dir morgen befehlen, du sollst Granaten füllen und Zielfernrohre für Scharfschützengewehre montieren, dann gibt es nur eins:
Sag NEIN!*

*Du. Besitzer der Fabrik. Wenn sie dir morgen befehlen, du sollst statt Puder und Kakao Schießpulver verkaufen, dann gibt es nur eins:
Sag NEIN!*

*Du. Forscher im Laboratorium. Wenn sie dir morgen befehlen, du sollst einen neuen Tod erfinden gegen das alte Leben, dann gibt es nur eins:
Sag NEIN!*

Du. Dichter in deiner Stube. Wenn sie dir morgen befehlen, du sollst keine Liebeslieder, du sollst Hasslieder singen, dann gibt es nur eins:

   Sag NEIN!

Du. Arzt am Krankenbett. Wenn sie dir morgen befehlen, du sollst die Männer kriegstauglich schreiben, dann gibt es nur eins:

   Sag NEIN!

Du. Pfarrer auf der Kanzel. Wenn sie dir morgen befehlen, du sollst den Mord segnen und den Krieg heilig sprechen, dann gibt es nur eins:

   Sag NEIN!

Du. Kapitän auf dem Dampfer. Wenn sie dir morgen befehlen, du sollst keinen Weizen mehr fahren – sondern Kanonen und Panzer, dann gibt es nur eins:

   Sag NEIN!

Du. Pilot auf dem Flugfeld. Wenn sie dir morgen befehlen, du sollst Bomben und Phosphor über die Städte tragen, dann gibt es nur eins:

   Sag NEIN!

Du. Schneider auf deinem Brett. Wenn sie dir morgen befehlen, du sollst Uniformen zuschneiden, dann gibt es nur eins:

   Sag NEIN!

Du. Richter im Talar. Wenn sie dir morgen befehlen, du sollst zum Kriegsgericht gehen, dann gibt es nur eins:
  Sag NEIN!

Du. Mann auf dem Bahnhof. Wenn sie dir morgen befehlen, du sollst das Signal zur Abfahrt geben für den Munitionszug und für den Truppentransport, dann gibt es nur eins:
  Sag NEIN!

Du. Mann auf dem Dorf und Mann in der Stadt. Wenn sie morgen kommen und dir den Gestellungsbefehl bringen, dann gibt es nur eins:
  Sag NEIN!

Du. Mutter in der Normandie und Mutter in der Ukraine, du Mutter in Frisko und London, du, am Hoangho und am Mississippi, du, Mutter in Neapel und Hamburg und Kairo und Oslo – Mütter in allen Erdteilen, Mütter in der Welt, wenn sie morgen befehlen, ihr sollt Kinder gebären, Krankenschwestern für Kriegslazarette und neue Soldaten für neue Schlachten, Mütter in der Welt, dann gibt es nur eins:

Sagt NEIN! Mütter, sagt NEIN!
  Denn wenn ihr nicht NEIN sagt, wenn IHR nicht nein sagt, Mütter, dann:

In den lärmenden dampfdunstigen Hafenstädten werden die großen Schiffe stöhnend verstummen und wie titanische Mammutkadaver wasserleichig träge gegen die toten vereinsamten Kaimauern schwanken, algen-, tang- und muschelüberwest, den früher so schimmernden dröhnenden Leib, friedhöflich fischfaulig duftend, mürbe, siech, gestorben – die Straßenbahnen werden wie sinnlose glanzlose glasäugige Käfige blöde verbeult und abgeblättert neben den verwirrten Stahlskeletten der Drähte und Gleise liegen, hinter morschen dachdurchlöcherten Schuppen, in verlorenen kraterzerrissenen Straßen – eine schlammgraue dickbreiige bleierne Stille wird sich heranwälzen, gefräßig, wachsend, wird anwachsen in den Schulen und Universitäten und Schauspielhäusern, auf Sport- und Kinderspielplätzen, grausig und gierig, unaufhaltsam –

der sonnige saftige Wein wird an den verfallenen Hängen verfaulen, der Reis wird in der verdorrten Erde vertrocknen, die Kartoffel wird auf den brachliegenden Äckern erfrieren und die Kühe werden ihre totsteifen Beine wie umgekippte Melkschemel in den Himmel strecken –

in den Instituten werden die genialen Erfindungen der großen Ärzte sauer werden, verrotten, pilzig verschimmeln –

in den Küchen, Kammern und Kellern, in den Kühlhäusern und Speichern werden die letzten Säcke Mehl, die letzten Gläser Erdbeeren, Kürbis und Kirschsaft verkommen – das Brot unter den umgestürzten Tischen und auf

73

zersplitterten Tellern wird grün werden und die ausgelaufene Butter wird stinken wie Schmierseife, das Korn auf den Feldern wird neben verrosteten Pflügen hingesunken sein wie ein erschlagenes Heer und die qualmenden Ziegelschornsteine, die Essen und die Schlote der stampfenden Fabriken werden, vom ewigen Gras zugedeckt, zerbröckeln – zerbröckeln – zerbröckeln –

dann wird der letzte Mensch, mit zerfetzten Gedärmen und verpesteter Lunge, antwortlos und einsam unter der giftig glühenden Sonne und unter wankenden Gestirnen umherirren, einsam zwischen den unübersehbaren Massengräbern und den kalten Götzen der gigantischen betonklotzigen verödeten Städte, der letzte Mensch, dürr, wahnsinnig, lästernd, klagend – und seine furchtbare Klage: WARUM? wird ungehört in der Steppe verrinnen, durch die geborstenen Ruinen wehen, versickern im Schutt der Kirchen, gegen Hochbunker klatschen, in Blutlachen fallen, ungehört, antwortlos, letzter Tierschrei des letzten Tieres Mensch – all dieses wird eintreffen, morgen, morgen vielleicht, vielleicht heute Nacht schon, vielleicht heute Nacht, wenn – –

wenn – – wenn ihr nicht NEIN sagt.

ALLE TAGE (1957)

Der Krieg wird nicht mehr erklärt, sondern fortgesetzt.
Das Unerhörte
ist alltäglich geworden. Der Held
bleibt den Kämpfen fern. Der Schwache
ist in die Feuerzonen gerückt.
Die Uniform des Tages ist die Geduld,
die Auszeichnung der armselige Stern
der Hoffnung über dem Herzen.

Er wird verliehen,
wenn nichts mehr geschieht,
wenn das Trommelfeuer verstummt,
wenn der Feind unsichtbar geworden ist
und der Schatten ewiger Rüstung
den Himmel bedeckt.

Er wird verliehen
für die Flucht von den Fahnen,
für die Tapferkeit vor dem Freund,
für den Verrat unwürdiger Geheimnisse
und die Nichtachtung
jeglichen Befehls.

MEIN WEG ZUR GEWALTLOSIGKEIT

Wie die meisten Leute hatte ich von Gandhi gehört, hatte ihn aber nie ernstlich studiert. Als ich nun die Bücher las, war ich fasziniert von seinen Feldzügen gewaltlosen Widerstandes. Besonders bewegte mich sein Salzmarsch zum Meer und sein häufiges Fasten. Die ganze Idee des »Satyagraha« machte starken Eindruck auf mich (Satya bedeutet Wahrheit, die Liebe einschließt, und agraha bedeutet Festigkeit, die mit Kraft gleichbedeutend ist; Satyagraha bedeutet daher die Macht, die aus der Wahrheit und der Liebe geboren ist). Als ich tiefer in die Philosophie Gandhis eindrang, nahmen meine Zweifel an der Macht der Liebe allmählich ab, und ich erkannte zum ersten Mal, was sie auf dem Gebiet der Sozialreform ausrichten konnte. Ehe ich Gandhi gelesen hatte, glaubte ich, daß die Sittenlehre Jesu nur für das persönliche Verhältnis zwischen einzelnen Menschen gelte. Das ›Dem biete die andere Backe dar‹ und ›Liebe deine Feinde‹ galt meiner Meinung nach nur dann, wenn ein Mensch mit einem anderen in Konflikt geriet. Wenn aber Rassengruppen und Nationen in Konflikt kamen, schien mir eine realistischere Methode notwendig zu sein. Doch nachdem ich Gandhi gelesen hatte, sah ich ein, wie sehr ich mich geirrt hatte. Für Gandhi war die Liebe ein mächtiges Instrument für eine soziale und kollektive Umgestaltung. In seiner Lehre von der Liebe und Gewaltlosigkeit entdeckte ich die Methode für eine Sozialreform, nach der ich schon so viele Monate gesucht hatte. Was mir intellektuell und ethisch im Militarismus von Bentham und Mill, in den revolutionären Methoden von Marx und Lenin, in der Gesellschaftstheorie von Hobbes, in dem »Zurück-zur-Natur«-Optimismus von Rousseau und in Nietzsches Philosophie vom Übermenschen nicht genügte, fand ich in Gandhis Lehre vom gewaltlosen Widerstand. Ich kam zu der Überzeugung, dass sie für ein unterdrücktes Volk in seinem Kampf um die Freiheit die einzige moralisch und praktisch vertretbare Methode war.

In dieser Zeit las ich Niebuhrs Kritik des Pazifismus. Niebuhr hatte selbst einmal zu den Pazifisten gehört. Mehrere Jahre war er Vorsitzender der Fellowship of Reconciliation (Gesellschaft für Versöhnung) gewesen. Anfang der dreißiger Jahre brach er mit dem Pazifismus. In »Moral Man and Immoral Society« legte er zum erstenmal eine ausführliche Kritik des Pazifismus vor. Er führte darin aus, dass es keinen eigentlichen moralischen Unterschied zwischen gewaltsamem und gewaltlosem Widerstand gebe. Er behauptete, die sozialen Folgen der beiden Methoden seien verschieden, die Unterschiede beständen aber mehr im Grad als in der Art. Später betonte Niebuhr, es sei unverantwortlich, sich auf gewaltlosen Widerstand zu verlassen, wenn es zweifelhaft sei, ob er die Ausbreitung der totalitären Tyrannei erfolgreich verhindern könne. Er könne nur Erfolg haben, wenn die Gruppen, gegen die der Widerstand gerichtet sei, ein gewisses Maß an moralischem Bewusstsein hätten, wie es beim Kampf Gandhis gegen die Engländer der Fall war. Dass Niebuhr schließlich den Pazifismus verwarf, beruhte hauptsächlich auf seiner Lehre vom Menschen. Er führte aus, dass der Pazifismus nicht der Reformationslehre von der Rechtfertigung durch den Glauben gerecht würde, sondern an seine Stelle einen sektiererischen Perfektionismus setze, der lehre, »daß die göttliche Gnade den Menschen aus den Spannungen der Geschichte, die durch die Sünde hervorgerufen wurden, heraus- und über die Sünden der Welt emporhebt«. Zuerst verwirrte mich Niebuhrs Kritik des Pazifismus.

Als ich jedoch weiterlas, erkannte ich mehr und mehr die Unzulänglichkeit seines Standpunktes. Zum Beispiel zeigten viele seiner Ausführungen, dass er den Pazifismus als eine Art von passiver Widerstandslosigkeit gegenüber dem Bösen verstand, in der sich ein naives Vertrauen in die Macht der Liebe ausdrückte. Aber das war eine gefährliche Verdrehung. Mein Studium Gandhis überzeugte mich, dass wahrer Pazifismus nicht einfach Widerstandslosigkeit gegenüber dem Bösen ist, sondern Widerstand ohne Gewalt. Zwischen den beiden Standpunkten besteht ein himmelweiter Unterschied. Gandhi widersetzte sich dem Bösen mit ebensoviel Energie und Gewalt wie der, der gewalttätig Widerstand leistete. Aber er widersetzte sich mit Liebe statt mit Hass. Wahrer Pazifismus ist nicht, wie Niebuhr behauptet, unrealistische Unterwerfung unter die böse Macht. Er ist eher eine mutige Konfrontation des Bösen mit der Macht der Liebe, in dem Glauben, dass es besser sei, Gewalttätigkeit hinzunehmen als selbst gewalttätig zu sein. Der Gewalttätige vermehrt nur die Gewalttätigkeit und Grausamkeit in der Welt, während der, der sie hinnimmt, ein Gefühl der Scham bei seinem Gegner wecken und dadurch eine Umwandlung und Änderung seines Herzens bewirken kann. Obwohl Niebuhrs Philosophie für mein Empfinden noch viel zu wünschen übrigließ, gab es doch mehrere Punkte, bei denen er mein Denken positiv beeinflusste. Niebuhrs großer Beitrag zur zeitgenössischen Theologie ist, dass er den falschen Optimismus, der für einen größeren Sektor des protestantischen Liberalismus charakteristisch ist, widerlegt hat, ohne in den Anti-Rationalismus des europäischen Theologen Karl Barth zu verfallen oder in den Semi-Fundamentalismus anderer dialektischer Theologen. Außerdem hat Niebuhr einen außerordentlichen Einblick in die menschliche Natur, besonders in das Verhalten der Völker und sozialer Gruppen. Er ist sich der Vielschichtigkeit menschlicher Motive und des Verhältnisses zwischen Moral und Macht klar bewußt. Seine Theologie ist eine ständige Mahnung an die Realität der Sünde auf jeder Stufe des menschlichen Lebens. Diese Elemente im Denken Niebuhrs halfen mir, die Illusionen eines oberflächlichen Optimismus hinsichtlich der menschlichen Natur und die Gefahren eines falschen Idealismus zu erkennen. Wenn ich auch noch an das Gute im Menschen glaubte, sah ich doch nun, daß er ebenso eine Anlage zum Bösen hat. Außerdem wurde mir klar, wie stark und wie vielfältig der Mensch von seiner sozialen Umgebung abhängt und welche krasse Wirklichkeit das kollektive Böse ist.

Ich hatte das Gefühl, als ob viele Pazifisten das nicht sähen. Allzu viele hatten einen unberechtigten Optimismus in Bezug auf den Menschen und neigten unbewusst zur Selbstgerechtigkeit. Unter Niebuhrs Einfluß empörte ich mich gegen diese Einstellung und trat niemals einer pazifistischen Organisation bei, obwohl ich stark zum Pazifismus neigte. Nachdem ich Niebuhr gelesen hatte, versuchte ich, zu einem realistischen Pazifismus zu gelangen. Mit anderen Worten: Ich sah die pazifistische Einstellung zwar nicht als sündlos, aber unter den obwaltenden Umständen als das geringere Übel an. Ich glaubte damals und glaube heute noch, dass der Pazifist größere Anziehungskraft hätte, wenn er nicht behaupten würde, frei vom moralischen Dilemma zu sein, dem sich der christliche Nichtpazifist gegenübergestellt sieht. [...]

STEFAN ZWEIG (1881–1942)

VON ANFANG AN ...

Von Anfang an glaubte ich nicht an den ›Sieg‹ und wusste nur eines gewiss: daß selbst wenn er unter maßlosen Opfern errungen werden könnte, er diese Opfer nicht rechtfertige. Aber immer blieb ich allein unter all meinen Freunden mit solcher Mahnung, und das wirre Siegesgeheul von dem ersten Schuß, die Beuteverteilung vor der ersten Schlacht ließ mich oft zweifeln, ob ich selbst wahnsinnig sei unter all diesen Klugen oder vielmehr allein grauenhaft wach inmitten ihrer Trunkenheit.

LIEDER ZUM FRIEDEN VON KONSTANTIN WECKER

WENN UNSRE BRÜDER KOMMEN (1982)

Wenn unsre Brüder kommen
mit Bomben und Gewehren,
dann wolln wir sie umarmen,
dann wolln wir uns nicht wehren.

Sie sehen aus wie Feinde,
sie tragen Uniformen,
sie sind wie wir verblendet
und festgefahrn in Normen.

Auch wenn sie anders sprechen,
wir wolln mit ihnen reden.
Es solln die Präsidenten
sich doch allein befehden!

Jedoch, bevor sie kommen,
wär's gut, sich zu besinnen.
Ein jeder muss die Liebe
mit sich allein beginnen.

Wenn unsre Brüder kommen
mit Bomben und Gewehren,
dann wolln wir sie umarmen,
dann wolln wir uns nicht wehren.

DER KRIEG* (2014)

Aufgestanden ist er, welcher lange schlief,
Aufgestanden unten aus Gewölben tief.
In der Dämmrung steht er, groß und unerkannt,
Und den Mond zerdrückt er in der schwarzen Hand.

In den Abendlärm der Städte fällt es weit,
Frost und Schatten einer fremden Dunkelheit,
Und der Märkte runder Wirbel stockt zu Eis.
Es wird still. Sie sehn sich um. Und keiner weiß.

Auf den Bergen hebt er schon zu tanzen an
Und er schreit: Ihr Krieger alle, auf und an.
Und es schallet, wenn das schwarze Haupt er schwenkt,
Drum von tausend Schädeln laute Kette hängt.

Über runder Mauern blauem Flammenschwall
Steht er, über schwarzer Gassen Waffenschall.
Über Toren, wo die Wächter liegen quer,
Über Brücken, die von Bergen Toter schwer.

In die Nacht er jagt das Feuer querfeldein
Einen roten Hund mit wilder Mäuler Schrein.
Aus dem Dunkel springt der Nächte schwarze Welt,
Von Vulkanen furchtbar ist ihr Rand erhellt.

*Konstantin Wecker hat Georg Heyms Gedicht »Der Krieg« von 1917 weiter-
gedichtet, siehe neunte Strophe (ab »Hundert Jahre ist der große Text nun alt«).

Und mit tausend roten Zipfelmützen weit
Sind die finstren Ebnen flackend überstreut,
Und was unten auf den Straßen wimmelt hin und her,
Fegt er in die Feuerhaufen, daß die Flamme brenne
mehr.

Und die Flammen fressen brennend Wald um Wald,
Gelbe Fledermäuse zackig in das Laub gekrallt.
Seine Stange haut er wie ein Köhlerknecht
In die Bäume, daß das Feuer brause recht.

Über sturmzerfetzter Wolken Widerschein,
In des toten Dunkels kalten Wüstenein,
Daß er mit dem Brande weit die Nacht verdorr,
Pech und Feuer träufet unten auf Gomorr

Hundert Jahre ist der große Text nun alt,
eine Ode gegen Kriege und Gewalt.
Doch er konnte uns wohl nicht erreichen,
wenn man sieht, wie sich die Bilder gleichen.

Gibt es einen, der im Kriege nicht verlor?
Und nun sind der Kriege mehr, als je zuvor.
So viel Städte sind zerstört im gelben Rauch,
warfen lautlos sich in tiefen Abgrunds Bauch.

Und schon wieder hört man herrisch Krieger schrein,
aus den Dunkelheiten droht ihr Widerschein.
Wieder wälzt sich die Vernunft dumpf in Gewalt,
abgestorben ist das Hirn. Das Herz ist kalt.

Zahllos sind die Leichen schon im Schilf gestreckt,
von des Todes starken Vögeln weiß bedeckt.
Bleiche Kinder flehn uns händeringend an:
Macht ein Ende mit dem Irrsinn irgendwann.

Irgendwann? Nein jetzt! Wir müssen sehn,
wie wir den Gewalten widerstehn,
denn sonst heißt es wieder eines Tages dann:
Seht euch diese dumpfen Bürger an –
großen Schrittes kam der Krieg mit aller Macht
und sie sind zum dritten Mal nicht aufgewacht.

PAZIFISTISCHES CREDO (2014)

Liebe Freunde,
auch wenn ich selbst in die Welt hinauszöge
waffenstrotzend
um das Böse zu besiegen
ich könnte die kriegerischen Mörderbanden nicht
stoppen
und auch die mächtigsten Waffen in der Hand ihrer
Gegner
können sie nicht stoppen
denn sie erzeugen immer neues Gemetzel.
Was man mit Gewalt gewinnt, kann man nur mit
Gewalt behalten
weiß Gandhi
und wenn schon dieser Kreislauf nicht von den
meisten anderen
durchbrochen wird
so bleibt mir nur
ihn in meinem Herzen zu durchbrechen
und zu hoffen
dass es mir gelingt, gewaltfrei zu bleiben
auch wenn auf mich angelegt werden sollte.
Und wäre ich mit diesem Glauben allein auf der Welt
so würde ich von meiner bedingungslosen Liebe zum
Frieden
nicht ablassen
denn mittlerweile wäre es mir weniger wichtig, mein
Leben zu verlieren

als meinen Glauben an die Schönheit dieser Utopie.
Es wird immer einen Grund geben, andere zu be-
kämpfen
und diesem Kampf zu entsagen
kann man nur für sich allein entscheiden.
Deshalb sind mir Uniformen so zuwider
und alles Militärische
denn da wird immer einer sein
der mir befehlen wird zu schießen
und der mir sagen wird
er wüsste, was gut und richtig sei
und was böse und falsch.
Ich fordere die Freiheit dieser Entscheidung nur für
mich
und ich werde nie versuchen
sie jemand anderem aufzuzwingen.
Aber werben möchte ich dann doch dafür
am liebsten mit den Mitteln der Poesie und der Musik.
Das Gewalttätige mag tief in jedem Menschen
verborgen sein und manchen steht es sogar stolz auf
der Stirn geschrieben
aber es kann nicht die eigentliche Bestimmung
des Menschen sein
denn es ist der Tod der Liebe
aus der wir alle geboren sind
und die uns allein erlösen kann.
Mögen es manche feige nennen, dumm oder naiv
ich hoffe, ich werde, wo ich es vermag
den Bedrängten helfen
aber ich will es nicht tun

indem ich neue Gewalt aussäe.
Und sollte sich dereinst erweisen
dass ich mich geirrt habe
bitte ich um Vergebung.

DIE MORDNACHT VON KUNDUS (2014)

Was solls, sagt bräsig der General
und nestelt an seinen Orden:
Wir sind nun mal im Krieg und da wird
bekanntlich auch manchmal gestorben.

Die OffizierInnen nicken devot
Im übervollen Casino.
Und überhaupt: die Wahrheit liegt,
Wie man so sagt, in vino.

Fettes Gelächter. Es lacht sich gut
In militärischen Runden.
Schwamm drüber. In ein paar Wochen ist
Der Spuk sowieso verschwunden.

Wir schreiben das Jahr zweitausendundneun,
die Geschichte scheint vergessen.
Man spielt wieder mit, man ist wieder wer,
Es wird wieder ausgesessen.

Die Mordnacht von Kundus erregt kein Gemüt.
Allenfalls Diskussionen.
Doch eines ist klar, im Zweifelsfall
Sind eigne Soldaten zu schonen.

Wer will schon Särge im eigenen Land?
Die wiegen politisch schwer.

Die toten Kinder der Feinde indes
Die zählt man einfach nicht mehr.

Die standen zur falschen Zeit herum
Man hört sie auch hier nicht schrein.
Man beerdigt sie nicht militärisch in Ehren.
Sie hören schlicht auf zu sein.

Ich frage Sie, Herr General,
wenn Sie die Augen schließen,
sind Ihnen die Mütter dann egal,
oder sehen Sie die Tränen fließen?

Sie haben ein Herz, wie andere auch,
was ist denn da nur passiert?
Hat man es mit Gehorsam und Drill
Ihnen aus Ihrem Leib exerziert?

So hat es begonnen zweitausendundneun,
da haben wir uns wieder verschuldet.
Da wurde in Deutschland schäbiger Mord
von höchster Stelle geduldet.

Man nennt es Krieg, es müsse so sein,
so war das doch immer gewesen.
Ich nenne es Mord und ich bleibe dabei:
Die Kinder zahlen die Spesen.

Diese vermaledeite Tat,
sie will mir nicht aus dem Sinn,
und wenn wir heute wieder marschieren,
dann war sie der Beginn.

Alles vergessen, was früher war,
all die verstümmelten Horden.
Deutschland schickt sich wieder an,
im Namen der Freiheit zu morden.

NEUE TEXTE ZUM FRIEDEN

PLÄDOYER FÜR EINE PRIMA RATIO

Wenn ich mich als Christin für den Frieden einsetze, wird mir oft die Kirchengeschichte entgegengehalten. Wie war das mit den Kreuzzügen? Wurde da nicht fortdauernder Hass geschürt? Was ist mit Hexenverfolgung und Inquisition. Ist das Christentum per se gewalthaltig? Wie oft hat die Theologie den Krieg als »gerecht« legitimiert? Hat nicht das Augsburger Bekenntnis 1530 erklärt, auch ein Soldat könne »christlichen Standes« sein?

Ja, das sind traurige, verstörende Fakten. Aber es ist nicht alles, was es zum Thema zu sagen gibt. Als Christin fühle ich mich verpflichtet, mich zu den aktuellen Fragen unserer Zeit zu äußern und klar Position zu beziehen, wenn es um Krieg und Frieden geht. Denn es ist eine Glaubens- und Gewissensfrage. Die Bergpredigt Jesu dokumentiert eine eindeutige Haltung, die für mich ein wichtiger Maßstab meines Handelns ist.

Seit Februar 2022 sind durch den Angriffskrieg Russlands unter Wladimir Putin heftige Debatten um Krieg und Frieden im Gange. Mich bedrückt, wie schnell innerhalb von Tagen die öffentliche Meinung umgeschwenkt ist. Viele glauben an einen »Sieg durch Waffengewalt«. Auch Kirchenvertreterinnen und Kirchenvertreter aller Konfessionen in Deutschland sprechen sich für Lieferungen schwerer Waffen an die Ukraine aus. Und Kirchenvertreter in Russland erklären den Krieg für gerechtfertigt.

Es sind im Grunde dieselben Debatten wie vor mehr als hundert Jahren, vor Beginn des Ersten Weltkrieges. Wenn ich mich gegen Waffenlieferungen äußere, wird mir entgegengehalten, dem ukrainischen Volk das Selbstbestimmungsrecht zu versagen. Dass aber die Welt keine andere geworden ist, nur weil der Krieg uns so nahe rückt, gerät aus dem Blickwinkel. Seit elf Jahren tobt der Krieg in Syrien, seit sieben Jahren im Jemen. Noch mehr Waffen haben in beiden Fällen ebenso wenig wie im Irak oder in Afghanistan mehr Frieden gebracht.

Ich persönlich bin überzeugt, dass die Theologie ebenso wie die Kirche in die Irre gegangen sind, wann immer sie Gewalt legitimiert haben. Jesus Christus war kein Revolutionär mit der Waffe in der Hand. Er hat Frieden gepredigt, nicht Krieg, Feindesliebe, nicht Hass. Theologie hat zu fragen, wie sich das umsetzt im jeweiligen Kontext.

Wider die theologische Rechtfertigung von Gewalt

Krieg ist für mich nicht Ultima Ratio, weil Ratio Vernunft heißt. Und im Krieg setzt die Vernunft aus. Da foltern und töten russische Soldaten in Butscha wehrlose Zivilisten. Da vergewaltigen serbische Männer ihre bosnischen Nachbarinnen. Da wird mit der Wilhelm Gustloff ein Schiff mit 9 000 Flüchtlingen an Bord versenkt. Da metzeln Hutu Tutsi in einer Kirche nieder. Da lassen argentinische Generäle Menschen verschwinden. Da werden in Mosambik Kinder zu Soldaten gemacht und dazu gezwungen, ihre eigenen Eltern zu töten, weil sie dann so besonders grausame Kämpfer werden. Da verhungern und erfrieren in und um Stalingrad Hunderttausende.

Krieg ist das Ende aller Vernunft. Krieg ist nicht die Fortsetzung der Politik mit anderen Mitteln, sondern das Ende der Politik. Übrigens: Mir ist sehr bewusst, dass ein Votum gegen den Krieg noch kein Freibrief ist nach dem Motto des Pilatus: Ich wasche meine Hände in Unschuld. Auch wer für Gewaltverzicht plädiert, kann schuldig werden. Zudem habe ich hohe Achtung vor der Verantwortung des Einzelgewissens. Allerdings muss es sich auch um eine verantwortliche und reflektierte Haltung handeln vor Gott und den Menschen.

Nach einer Untersuchung des Heidelberger Instituts für Internationale Konfliktforschung gab es im Jahr 2021 zwanzig Kriege (Beispiele sind Syrien und Jemen) und zwanzig sogenannte begrenzte Kriege (Beispiele sind Israel oder Äthiopien). Dazu kommen die unerklärten Kriege, also 204 bewaffnete Konflikte, die teilweise als hochgewaltsam eingestuft werden. Da kämpfen marodierende Banden, Verhandlungspartner sind nicht mehr auszumachen. Das Grauen der Zivilbevölkerung aber ist umso größer.

Ich will aber dennoch die Hoffnung nicht aufgeben, dass Menschen zum Frieden fähig sind. Die Hoffnung, dass eines Tages Menschen Pflugscharen aus ihren

Schwertern schmieden werden und niemand mehr übt für den Krieg (Micha 4,3 f.).

Christliche Perspektiven

Christinnen und Christen haben in sozialethischen Debatten auf theologischer Grundlage zu argumentieren. Die Kirchen haben zum Frieden aufzurufen und keine Rechtfertigung für Krieg abzuliefern. Dietrich Bonhoeffer sagte 1934 auf einem Kirchentreffen in Fanoe: »Nur das eine große ökumenische Konzil der Heiligen Kirche Christi aus aller Welt kann es so sagen, dass die Welt zähneknirschend das Wort vom Frieden vernehmen muss und dass die Völker froh werden, weil diese Kirche Christi ihren Söhnen im Namen Christi die Waffen aus der Hand nimmt und ihnen den Krieg verbietet und den Frieden ausruft über die rasende Welt.«

Für unsere Kirchen heißt das: das Thema Frieden auf die Tagesordnung der ökumenischen Beziehungen setzen. Auf der internationalen Ebene entschieden für Konfliktbewältigung eintreten, beispielsweise im Kongo – aber unter UN-Mandat. Die Auseinandersetzung mit dem Terror suchen und dem Krieg jede religiöse Legitimation entziehen.

Was also haben die Kirchen zu tun?

Theologisch gilt es daran zu arbeiten, dass endlich für die Kirchen der Welt klar wird: Krieg soll nach Gottes Willen nicht sein. Wir glauben nicht an einen Gott, der Krieg offenbar legitimiert, sondern an den Gekreuzigten, der auferstand.

Gewaltfreie Konfliktbewältigung muss endlich Anerkennung erhalten. Es wäre gut, das an einem Beispiel
aufzuzeigen, durchzubuchstabieren, öffentlich zu machen, um Akzeptanz zu gewinnen.

- *Zivile Friedensdienste müssen gefördert werden.*
- *Die UN braucht Unterstützung durch Kirchen und Religionsgemeinschaften.*
- *Die Kirchen müssen auf europäischer und internationaler Ebene gemeinsam sprachfähiger werden in der
  Frage der Konfliktbewältigung.*
- *Kirchen müssen Konflikte untereinander friedlich lösen, durch Dialog statt Konfrontation, Vermittlung
  statt Schuldzuweisung, sonst können sie nicht glaub-
  würdig für die Bewältigung von Konflikten außerhalb
  eintreten.*
- *Die Vereinigung »World Religions for Peace« sollte
  ernster genommen werden.*

Am 4. Februar 2001 haben die Kirchen deshalb die
Ökumenische Dekade »Gewalt überwinden« in Pots-
dam und in Berlin eröffnet. Kirchen in aller Welt beteiligten sich daran. Sie wollten aktiv zur Überwindung
von Gewalt beitragen. In der Botschaft, die bei der offi-
ziellen Feier im Berliner Haus der Kulturen 2001 verle-
sen wurde, hieß es unter anderem:

»Wir rufen alle Kirchen und ökumenische Organisationen nachdrücklich auf, Gemeinschaften des Friedens
zu sein und aufzubauen, [...] gemeinsam Buße zu tun für
unsere Mitverantwortung für Gewalt; [...] sich dafür ein-

zusetzen, den Teufelskreis der Gewalt zu durchbrechen; [...]«. Im Mai 2011 wurde die Dekade in Jamaica beendet. Doch das Thema ist damit offensichtlich nicht an sein Ende gekommen.

Ich halte es heute für die entscheidende Frage, ob wir die Erfahrungen mit ziviler Konfliktbewältigung endlich als erfolgreiche Möglichkeit darstellen können! Markus Weingardt hat mit seiner Untersuchung »Religion Macht Frieden« innerhalb des Projektes Weltethos anhand von 40 internationalen Konflikten aufgezeigt, wie religiös motivierte Akteure Konflikte deeskalieren können. Mit dem Aachener Friedenspreis werden regelmäßig Menschen ausgezeichnet, die auf kreative Weise Frieden fördern. Gelernt wird an konkreten Beispielen, ich denke etwa an die Nonviolent »Peace Force« in Sri Lanka. Oder auch an den Einsatz von »Peace Brigades International« in Kolumbien. Die Bemühungen von »Aktion Sühnezeichen« in Israel. Immer wieder wird der zivile Friedensdienst kaum wahrgenommen. Wenn ein Konflikt eskaliert, scheint immer wieder Gewalt, Militäreinsatz die einzige Lösung. Millionen von Dollar und Euro werden in militärische Lösungen investiert. Wer investiert wie viel in die Erprobung ziviler Konfliktbewältigung? Sollten wir solche Erfahrungen nicht viel stärker in die Öffentlichkeit tragen? Das Gleiche gilt für erfolgreiche Versöhnungsprozesse etwa in Südafrika. Oder denken wir an den Auftritt von Ministerin Wieczorek-Zeul 2004 bei den Herero, hundert Jahre nach dem Massaker an ihrem Volk durch deutsche

Soldaten, bei dem 70000 Hereros ermordet wurden. Sie zitierte das Vaterunser: »Vergib uns unsere Schuld ...« Das war eine Geste, die verstanden wurde.

Europa hat grausam genug erlebt, was es heißt, andere mit Krieg zu überziehen, und wie eine Zivilbevölkerung unter den Großmachtfantasien Einzelner leiden kann. Und aktuell erleben wir das leider erneut. Sollte es nicht möglich sein, aus den Erfahrungen von Vernichtung und Vertreibung, von Zerstörung und Flucht ein tief verwurzeltes Engagement für friedliche Konfliktlösungen voranzutreiben, und zwar von den Religionen in Europa her? Doch, ich bin überzeugt, da können wir Vorreiter sein! Es geht darum, dass wir aus der Erfahrung der Vergangenheit heraus an der Spitze der Bewegung für eine friedensfähige Welt stehen! Das muss doch auch die russisch-orthodoxe Kirche begreifen!

Friedrich Siegmund-Schultze hat 1946 formuliert: »Der Hass ist sicherlich eine der stärksten Mächte im Leben der Menschheit. [...] Der Hass zerstört die Güter, die die Menschheit empfing und vermehrte. Diese reiche Erde, den Menschen als Besitz anvertraut, droht die Stätte ihres Unterganges zu werden. Der Garten, der aus der Wildnis erstand, wird wieder zur Wüste.

Die Felder, mit unendlicher Mühe angelegt, werden versengt. [...] All die Kräfte, die dem Aufbau dienen sollten, werden in den Dienst des Todes gespannt. [...] Vielleicht, dass nicht in jedem Fall, in dem die Erde versengt oder der Tod gestreut wird, der Hass den Zerstörer treibt; aber unsichtbar steht der Dämon des Hasses hinter dem, der die Bombe plant oder wirft.

Und die Menschheit lässt sich wie stets in die Verantwortungslosigkeit hineinschläfern, die die Tat ermöglicht, die den Täter schützt, ja bewundert.«

Nein, wir dürfen uns nicht in eine Verantwortungslosigkeit hineinschläfern lassen! Als Christin sehe ich den Friedensauftrag biblisch begründet. Und es ist mir wichtig, mit Menschen anderer Religionen zusammenzuarbeiten, die sich für die Überwindung von Krieg einsetzen. Das ist nicht naiv, sondern hoffnungsvoll. Und es ist letzten Endes ein Eintreten für Menschenwürde, ja Menschlichkeit und Zukunftsfähigkeit.

Dabei ist es wichtig, die Hoffnungsgeschichten weiterzuerzählen, auch zu sehen, wo Friedensfähigkeit wächst. Seit den 90er-Jahren wurden mehr Kriege durch Verhandlungen zwischen den Gegnern als durch den Sieg einer Seite beendet.

Wenn diese Welt jedes Jahr eine Billion Dollar für Verteidigung ausgibt, kommt sie vielleicht endlich dazu, einen Bruchteil dieser Summe für Prävention, Friedensinitiativen und die Stabilisierung von Frieden bereitzustellen. Es bleibt die große Hoffnung, dass die Menschheit den Krieg überwinden kann. Und ich bin zutiefst überzeugt, die Religionen können dazu einen entscheidenden Beitrag leisten, indem sie je einzeln, aber auch gemeinsam für den Frieden eintreten, Feindbilder überwinden, Dialoge führen und Vertrauen schaffen über die Grenzen von Nationen, Kulturen und religiöser Überzeugung hinweg.

Die Grundlagen dafür legt die Theologie. Sie hat Wirkkraft in die religiöse Institution hinein, mit Blick auf die religiös motivierten Akteure und bis in den Alltag vor Ort, denke ich. Wenn das keine Herausforderung ist!

Gewalt und Gewaltfreiheit in der Bibel

Als sich im Jahr 1997 der Exekutivausschuss des ÖRK im Kloster von Kykkos auf Zypern traf, verabschiedete er eine Stellungnahme zur Situation des geteilten Landes. In dieser wurde die Invasion Zyperns durch türkisches Militär im Jahr 1974 deutlich missbilligt und wurden die jüngsten Gewalthandlungen entlang der Pufferzone beklagt. Mit der Stellungnahme bekräftigte der Rat nochmals die Unterstützung einer umfassenden Beilegung des Zypernkonflikts auf dem Verhandlungsweg. Die anderen Mitgliedskirchen des ÖRK wurden dazu aufgefordert, die Kirche in Zypern zu unterstützen und in ihrem Bemühen um Treue zu Jesus Christus, dem Friedensfürsten, zu begleiten. Eines Morgens wurde während des Gottesdienstes in der alten Kapelle des Klosters Psalm 3 gelesen: »Auf, HERR, und hilf mir, mein Gott! Denn du schlägst alle meine Feinde auf die Backe und zerschmetterst der Gottlosen Zähne.« Einige Mitglieder des Exekutivausschusses empfanden einen tiefen Widerspruch zwischen der Beschreibung eines gewalttätigen Gottes und der Stellungnahme zu Zypern, der sie gerade zugestimmt hatten.

Viele Christinnen und Christen sind irritiert, dass einige biblische Texte vom gewalttätigen Handeln Gottes sprechen oder an dieses appellieren. Der gewalttätige Gott und die Gewalt des Volkes Gottes sind im hebräischen Teil der Bibel kein vereinzeltes Thema. Ein Wissenschaftler hat im Alten Testament 600 Textstellen mit expliziter Gewalt gezählt und 1000 Verse, in denen gewaltsames Handeln auf Gott zurückgeführt wird – Geschichten, in denen Gott das Töten befiehlt, sowie solche, in denen Gott selbst andere tötet. Jahwe wird als Krieger beschrieben (Exodus 15,3), er benutzt Waffen (Habakuk 3,9.11–12), Gott kämpft sogar aktiv gegen das erwählte Volk (Klagelieder 2,5). Es ist nicht einfach, sich mit diesem Erbe zu beschäftigen. Manche sind der Auffassung, dass diese Sprache nur ein Hinweis darauf ist, dass Gott sich nicht von der Geschichte fernhält, sondern vielmehr an ihr beteiligt ist, dass Gott sich in realen Konflikten engagiert und so auf die göttlichen Ziele hinarbeitet. Andere wenden dagegen ein: »Können wir sagen, dass bei Gott der Zweck die Mittel rechtfertigt, wenn wir wissen, dass dies zwischen Menschen nicht der Fall ist?«

In den letzten Jahren wurde der These von René Girard große Aufmerksamkeit gewidmet. Nach Girards Auffassung ist die Gewalt in der Bibel nötig, um die heilige Gewalt als Lüge bloßzustellen. Seine Behauptung, dass ein gewaltloser Gott Gewalt gebraucht, um sie zu entlarven und um auf diese Weise die gewaltlose Natur des Göttlichen zu offenbaren, ist aufschlussreich und ansprechend, wenngleich auch sehr komplex. Sie unterstreicht die Aufgabe der Christenheit, wie Jesus Zeugnis abzulegen von der Überwindung der Gewaltmechanismen. Aber hier ist Vorsicht geboten, um nicht den Eindruck einer tiefen Trennung zwischen dem Alten Testament und dem Neuen Testament zu erwecken. Wenn das Neue Testament als Offenbarung einer »besseren Religion« verstanden wird, dann könnte der erste Teil der Bibel leicht als eine zweitrangige Offenbarung herabgestuft oder vom christlichen Glauben sogar in der Art der markionitischen Häresie abgeschafft werden. Dies unterstreicht die Notwendigkeit, die gesamte Frage der Gewalt im interreligiösen Dialog – insbesondere zwischen Christen, Juden und Moslems – aufzugreifen.

Tatsächlich kann bezüglich der Legitimierung der Gewalt im hebräischen Teil der Bibel eine Ambivalenz festgestellt werden. Dies liegt zum Teil an den unterschiedlichen Kontexten und Wahrnehmungen der Autoren. Die Sehnsucht aber nach einem Gott, der für das Volk kämpft, und das Verständnis einer Krise als Strafe Gottes sind in fast allen Religionen und Kontexten einschließlich des Christentums bekannt. Soldaten tragen »Gott mit uns« auf ihrem Gürtel, und Revolutionäre werben mit Slogans wie »Gott ist an der Seite des Volkes« für Unterstützung.

Neben den klaren Belegen für einen Kriegsgott läuft jedoch ein roter Faden der Gewaltfreiheit durch das Alte Testament. Dies ist ein spannender Aspekt, der selten beachtet wird. Anstatt immer wieder von der Rechtfertigung der Gewalt im hebräischen Teil der Bibel irritiert oder abgestoßen zu werden, sollte auf Texte wie die Geschichte von Schifra und Pua hingewiesen werden, eine Erzählung von mutigem zivilem Ungehorsam – um es in Begriffen unserer Zeit auszudrücken (Exodus 1,15–22). Oder zum Beispiel Jesaja 53, der bekannte Text über den leidenden Knecht, der sich selbst dem Tod hingibt und vor dem die anderen ihr Gesicht verbergen. Wir können an Micha 4,2–4 denken, wo Schwerter zu Pflugscharen werden – oder an viele andere visionäre Texte der Propheten. Gott schenkt Schalom und Gott befreit. Gott führt die Israelitinnen und Israeliten aus Ägypten heraus, heraus aus einem Leben in Unterdrückung und Gewalt.

Es gibt Gewalt, aber Gott gibt sich mit dieser Situation nicht zufrieden. Gott gibt die Kraft und die Kreativität, um die Ketten der Unterdrückung gewaltfrei zu durchbrechen. Gott wirkt befreiend. Gott verbietet schon im Bund mit Noah (1. Mose 9, 6) und in den Geboten, Menschen zu töten.

Im hebräischen Teil der Bibel findet sich eine Fülle von Zeugnissen, die Gott als die Quelle des Schalom beschreiben. Dem Volk und der Schöpfung wird Frieden zuteil; die Propheten wurden zu Streitern für den Frieden. Es gibt noch viel zu entdecken. Genauso wie die feministische Theologie neue Einsichten für die Lektüre der Schrift ermöglicht hat, geschieht dies vielleicht auch bei der Suche nach dem roten Faden der Gewaltfreiheit.

Die Botschaft des Neuen Testaments ist ganz klar: In der Bergpredigt eröffnet Jesus eine ganze Reihe neuer Kategorien. Selig sind nicht die Krieger und Kriegerinnen, die Heldinnen und Helden, die Freiheitskämpfer und Freiheitskämpferinnen, die Starken und Mutigen, sondern die Armen im Geist, die Leidtragenden, die Sanftmütigen und die, die hungern und dürsten nach Gerechtigkeit, die Barmherzigen, die, die reinen Herzens sind, die Friedfertigen und die Verfolgten. Was für ein Widerspruch zur Realität dieser Welt!

Die Bergpredigt wurde oft als unrealistischer, romantischer Text abgetan, der in einer Welt des Kampfes, der Macht und der Angst im Grunde nutzlos ist. Der frühere westdeutsche Bundeskanzler Helmut Schmidt hat einmal behauptet, mit der Bergpredigt könne man keine Politik machen. Die Worte Jesu über das Vergelten (Matthäus 5, 38 ff.; Lukas 6,29 ff.) wurden oft zitiert, um die Unzulänglichkeit des Evangeliums als Richtschnur für das Leben in der wirklichen Welt zu beweisen. Weil es vielen unausführbar scheint, auf ein Zurückschlagen zu verzichten, wenn man angegriffen wird. Wahrscheinlich stellt kein anderer Text des Neuen Testaments eine derartige Anfrage an unsere Realität dar und gibt zugleich so viel Hoffnung, dass die Verhältnisse in dieser Welt anders sein könnten und in Gottes Zukunft anders sein werden.

Walter Wink hat eine brillante und wichtige Differenzierung zwischen Widerstandslosigkeit und Gewaltfreiheit getroffen. Bei genauem Hinsehen zeigt er, dass das

»Hinhalten der anderen Wange« den Aggressor erniedrigt, dass das Geben des Untergewands die Grausamkeit entlarvt und dass das »Gehen einer zweiten Meile« eine mögliche Form des Protests ist.

Nach dieser Interpretation von Wink hat Jesus kreativ die Methoden des gewaltfreien Widerstands genutzt, um den Mächtigen die Stirn zu bieten und um die Gemeinschaft wiederherzustellen.

Die Entdeckung, dass die Bergpredigt zu Gewaltfreiheit, nicht aber zu Widerstandslosigkeit aufruft, ist faszinierend. Jesus selbst ist den Weg des gewaltfreien Widerstands ganz bis zum Ende gegangen. Als er am Kreuz starb, blieb er noch immer eine Provokation für die Mächtigen. Über seinen Tod hinaus wurde offensichtlich, dass er nicht besiegt wurde, sondern eine Herausforderung für die Mächte der Gewalt bleibt. Die von Menschen ausgeübte Gewalt hat nicht das letzte Wort – das ist ein gewichtiges Element des christlichen Glaubens an die Auferstehung.

Dennoch finden sich auch im Neuen Testament einige Stellen, die oft zur Rechtfertigung von Gewalt benutzt wurden. Eine davon ist die Geschichte von der Tempelreinigung Jesu (Matthäus 21,12 ff.; Markus 11,15 ff.): Jesus treibt die Kaufenden und Verkaufenden aus dem Tempel, stößt dabei Tische und Stühle um und benutzt nach der verwandten Darstellung im Johannesevangelium (2,13–16) sogar eine Geißel. Verschiedene Erklärungen sind vorgeschlagen worden, zum Beispiel, dass dies als eine prophetische Handlung zu interpretieren sei. Aber wenn Jesus wahrer Mensch war, dann könnte auch angenommen werden, dass sein Zorn in diesem Fall stärker war als seine Überzeugung, dass Gewaltfreiheit der richtige Weg ist. Es ist offensichtlich, dass der Rückgriff auf Gewalt in vielen Fällen ein Zeichen von Schwäche ist, eine Unfähigkeit, anders zu handeln, weil die Emotionen zu stark sind. Warum sollte es nicht möglich sein, Jesus so zu sehen – aufgebracht wegen des Missbrauchs des Tempels für ökonomische Zwecke und so wütend, dass er die Geduld verlor? Wenn das Konzil von Chalcedon 451 erklärt hat, dass Jesus gleichzeitig wahrer Mensch und wahrer Gott war, dann können wir menschliche Schwächen an ihm sehen, ohne seinen göttlichen Charakter aus dem Blick zu verlieren. Aber das ist keine Legitimation von Gewalt.

Ein anderer Text, der oft gegen einen pazifistischen Ansatz gewendet wird, ist Matthäus 10,34 ff.: »Ich bin nicht gekommen, Frieden zu bringen, sondern das Schwert.« Manche behaupten, dass Jesus hier nicht über die Menschen spricht, sondern über die Obrigkeiten. Wird der Vers jedoch im Zusammenhang der warnenden Voraussagen Jesu über die feindliche Aufnahme der Jünger (vgl. Lukas 12,51 – nicht Friede, sondern Zwietracht) betrachtet, kann er verstanden werden als Vorbereitung auf die Tatsache, dass das Evangelium und die, welche es verkünden, abgelehnt werden: »Diese Voraussage bezieht sich auf Märtyrer, nicht auf Mörder.«[*][3]

Im Garten von Gethsemane fordert Jesus später einen seiner Jünger, der sich der Gefangennahme widersetzt, klar und deutlich auf: »Stecke dein Schwert zurück an seinen Ort! Denn wer das Schwert nimmt, der soll durch das Schwert umkommen« (Matthäus 26,52). Dies zeigt, dass Jesus sich des Kreislaufs der Gewalt sehr bewusst war. Er kannte die Realität der Macht und der Gewalt. Für Christen und Christinnen ist jedoch eine andere Logik maßgebend: Wer groß sein will, soll Dienerin und Diener der anderen sein (Matthäus 20,26). Die Lehre Jesu als Ganze kann nicht durch Einzelverse wie Lukas 22,36 (»wer kein Schwert hat, verkaufe seinen Mantel und kaufe eins«) infrage gestellt werden. Vielmehr sehen wir ein Konzept, das die weithin akzeptierte »Normalität« der Gewalt hinterfragt.

Oft hat Jesus seine Jünger provoziert – als er mit dem Zöllner aß, den Kindern zuhörte und den liebte, der ihn verriet. Sein Leben und die Geschichten, die er erzählte, lehren eine Ethik, die alle Beteiligten einbezieht. Übertragen auf Konfliktsituationen bedeutet dies, die unterschiedlichen Motive sowie die Folgen für alle beteiligten Gruppen zu berücksichtigen. Ein Mediationsansatz zur Konfliktlösung funktioniert auf die gleiche Art und Weise.

Niemand weiß im Voraus, ob er oder sie in kritischen Situationen tatsächlich die Kraft haben wird, dem Gebrauch von Gewalt zu widerstehen. Lange Jahre war ich Präsidentin der Beratungsstellen für Kriegsdienstverweigerer. Immer wieder wurde damals von den

Kommissionen der Bundeswehr das Gewissen der Kriegsdienstverweigerer geprüft, ob sie nicht doch bei einer drohenden Vergewaltigung durch feindliche Soldaten ihre Freundin mit der Waffe verteidigen würden. Niemand kann vorhersagen, wie er in einer solchen Situation reagieren würde – auch wenn ich die Haltung habe, dass ich keine Waffen benutzen will.

Darum ist auf der Seite der Befürworterinnen und Befürworter der Gewaltfreiheit große Demut nötig. Es steht Christinnen und Christen nicht an, jemanden zu verurteilen, der oder die zur Verteidigung der Menschenrechte, seines oder ihres Volkes, der Familie oder seiner oder ihrer selbst Gewalt gebraucht. Aber die Lehre Jesu wird immer in einem scharfen Widerspruch dazu stehen. Jesus hat sich mit den Armen und Schwachen identifiziert, aber er hat keine Gewalt gebraucht, um ihre Situation zu verändern oder um sie oder sich selbst zu verteidigen. Er selbst wurde nach dem Gesetz eines Militärregimes gewaltsam getötet.

Jesus ruft zu einer Friedensethik auf, zur Feindesliebe ebenso wie zur Nächstenliebe. Wenn es in Johannes 15,13 heißt: »Niemand hat größere Liebe als die, dass er sein Leben lässt für seine Freunde.« Das bezieht sich auf die aufopferungsvolle Liebe, nicht auf das Töten eines anderen um eines Freundes willen. Jesus ermutigt uns zu dem Wagnis, den Weg der Gewaltfreiheit zu gehen. Wink behauptet, dass er einen dritten Weg zwischen Gewalt und Gewaltfreiheit als Methode des Widerstands gegen die Mächte der Unterdrückung gelehrt hat.

In Bezug auf die hebräische Tradition muss zwischen zwei Traditionen, zwei Gottesbildern differenziert werden. Jesus hat eine Wahl für uns getroffen, da er auf der einen Seite die Ambivalenz zwischen dem Zorn Gottes und der Liebe Gottes nicht aufgelöst hat, auf der anderen Seite aber seinen Anhängerinnen und Anhängern unmissverständlich geraten hat, ihre Feinde zu lieben und für ihre Verfolger zu beten (Matthäus 6,44 f.). Ja, es gibt ihn auch, den zornigen, den strafenden Gott. Aber: Die Friedfertigen werden Kinder Gottes genannt (Matthäus 5,9). Die Annahme der Ungerechtigkeit, die einem selbst angetan wird, gehört dazu. Auf dieser Basis sollte die Ablehnung der Gewalt – nicht die Verurteilung der Menschen, die Gewalt gebrauchen – der eindeutige Beitrag der Kirchen sein.

Um Gottes willen: kein Krieg!
Der Weg der evangelischen Kirche zum »gerechten Frieden« war lang. Vor mehr als 75 Jahren hegte Dietrich Bonhoeffer wie gesagt große Hoffnungen, die ökumenische Bewegung werde Vorkämpferin des Friedens werden. Wenn sich die Kirchen der Welt im Gespräch miteinander verständigten, könnten sie Widerstand leisten, gegen nationalistische Parolen wie gegen Kriegstreiberei. Diese Hoffnung wurde vielfältig enttäuscht, aber sie wurde auch vielfältig verwirklicht. Christen etwa, deren Länder durch Nazideutschland terrorisiert worden waren, besuchten bereits im Oktober 1945 in einer überwältigenden Geste der Versöhnung den Rat der Evangelischen Kirchen in Deutschland und luden

die evangelischen Kirchen ein, Gründungsmitglieder des Ökumenischen Rates zu werden. Daran erinnern wir uns bis heute in tiefer Dankbarkeit. Das Friedensthema wurde zum Cantus Firmus des Ökumenischen Rates. Seine Impulse zu Gerechtigkeit, Frieden und Schöpfungsbewahrung wurden auch umgesetzt, als 1989 der Ruf »Keine Gewalt!« aus den Gottesdiensten der Kirchen hinausgetragen wurde auf die Straßen von Leipzig, Dresden und Berlin und damit der Weg eröffnet wurde zur ersten gewaltlosen Revolution in Deutschland, ja in der europäischen Geschichte. Die Kirchen in Deutschland haben aus ihrem Versagen in der Vergangenheit gelernt.

Ich wehre mich dagegen, dass religiöse Sprache für politische Ziele missbraucht wird, dass Politiker Gott für Kriege, für ihre Seite, für Nationen in Anspruch nehmen. Wir müssen dagegen Einspruch erheben, dass Kriege als »heilig« oder gar als »Kreuzzüge« bezeichnet werden. Soll Gott denn nicht alle Menschen und Nationen schützen? Steht nicht in der Bibel: »Selig sind die Friedfertigen«?

Gotteslästerung ist auch die Redeweise islamischer Fundamentalisten, die sich auf Gott berufen, um ihren menschenverachtenden Terrorismus zu rechtfertigen. Es gibt keine gerechten Kriege und schon gar keine heiligen!

Ja, wir sollten gläubige Muslime auffordern, sich von fanatischen, irregeleiteten Terroristen zu distanzieren, die meinen, im Namen Allahs töten zu dürfen. Was für eine entsetzliche Grausamkeit tut sich da auf, welche Menschenverachtung, was für ein Irrglaube! Der Islam erscheint zunehmend als gewalttätig, als zerstörerisch. Wenn Muslime sagen, das sei ein Zerrbild, dann sollte diese Debatte auch erkennbar öffentlich innerhalb des Islam geführt werden. Darauf hoffe ich, denn ich kenne viele Muslime, die diesen Terror ebenso missachten wie Christen. Denn das ist deutlich: Die meisten Opfer von Terroristen, die sich auf den Islam berufen, sind Muslime!

Aber ebenso entschieden sollten wir als Christen klarstellen, dass es für uns keine religiöse Rechtfertigung für Krieg, Verletzung und Folter gibt! Wir können uns nicht für Menschenrechte einsetzen im Namen westlicher Demokratie und unseres christlichen Erbes, wenn Menschen durch die Soldaten unserer eigenen Länder erniedrigt werden. Wir können nicht den Respekt für das Individuum als Fortschritt der Menschlichkeit propagieren, wenn im Namen der Freiheit die Individualität der Menschen unter Kapuzen verborgen und gleichzeitig ihre Scham entblößt wird. Der vor einigen Jahren veröffentlichte Bericht über die Foltermethoden des US-Geheimdienstes ist nicht nur beschämend, er stellt auch infrage, für welche Werte im sogenannten Kampf gegen den Terror westliche Demokratien eintreten. Kritik an derartigen Ungeheuerlichkeiten wird schnell als »Antiamerikanismus« gewertet. Aber es ist doch klar: Genauso brutal, absolut verurteilenswert sind die entsetzlichen Gräueltaten, die russische Soldaten in Butscha und andernorts verübt haben. Krieg setzt offensichtlich den fundamentalen Respekt vor der Würde der anderen außer Kraft.

Wir sind an einem entscheidenden Wendepunkt angekommen. Von einer »Zeitenwende« kann ich nicht reden. Denn am Ende bleibt es doch derzeit dabei, dass immer wieder Krieg begonnen wird, um Macht auszuüben, Territorien zu erweitern, andere Völker zu dominieren. Der brutale, völkerrechtswidrige und vollkommen sinnlose Angriff Russlands auf die Ukraine lässt uns das in Westeuropa besonders wahrnehmen, weil wir gehofft hatten, Europa habe die Kriegszeiten ein für allemal überwunden. Und weil uns richtig schien, mit Russland in Frieden zu leben. Ich finde es falsch, diesen Versuch im Nachhinein zu diskreditieren, weil ich überzeugt bin: Auch die Menschen in Russland wollen am Ende in Frieden leben. Es sind machtbesessene Egomanen wie Wladimir Putin, die einen Krieg anzetteln und denen dabei das Wohl der eigenen Bevölkerung offensichtlich vollkommen gleichgültig ist.

Unser Blick richtet sich momentan nach Osten. Doch es toben eben Kriege in aller Welt, in Syrien, im Jemen, überall leiden Menschen. Nur scheinen uns die Bilder, die Menschen, die Konflikte in vielen Fällen meist eher fern.

Statt Milliarden zu investieren, um Hunger zu bekämpfen und die Klimakrise für folgende Generationen zu verhindern, damit auch sie auf diesem Planeten leben können, werden Milliarden und Abermilliarden in Rüstung investiert. Und viele verdienen auch noch gut und ohne Skrupel gern daran, gerade an den Aktienmärkten. Auf der ganzen Welt, insbesondere in Asien wird derzeit aufgerüstet. Und jetzt auch in Deutschland. Es scheint, als sei das Vertrauen in Rüstung neu zum Leben erwacht, Politikerinnen und Politiker überschlagen sich darin, militärische Expertise zu zeigen.

Eine »Zeitenwende«, von der Olaf Scholz Ende Februar 2022 im deutschen Bundestag gesprochen hatte, wäre für mich etwas ganz anderes. »Zeitenwende« hieße: endlich Abkehr von der Logik der Waffen! Klar, ich gebe zu, auch ich weiß nicht, wie das den Diktatoren dieser Welt zu vermitteln wäre. Angefangen bei Wladimir Putin bis hin zu Kim Jong-un in Nordkorea, den Machoherrschertypen von Recep Erdogan bis Jair Bolsonaro, von Ramsan Achmatowitsch Kadyrow in Tschetschenien bis hin zum chinesischen Staatspräsidenten Xi Jinping. Aber klar ist doch auch: All diese Machthaber sind getrieben von Angst vor der eigenen Bevölkerung! Sie unterdrücken mit enormer Brutalität freie Meinungsäußerung. Das heißt aber auch: Ihnen ist bewusst, dass es in der Zivilbevölkerung eine Sehnsucht gibt nach Freiheit, nach dem Ende von Gewalt, Unterdrückung und Krieg.

Die Sehnsucht der Zivilgesellschaft nach Gerechtigkeit, Freiheit und Frieden ist der Albtraum der Diktatoren dieser Welt. Und genau deshalb gilt es, genau die Zivilgesellschaft in allen Ländern der Erde zu stärken.

Ja, das ist schwer. Panzer walzen den Freiheitswillen oft nieder wie am 3. und 4. Juni 1989 auf dem Tiananmen Platz in Peking. Und das Aufbegehren der Bevölkerung wird wie im Arabischen Frühling nach und nach niedergeschlagen. Aber ganz offensichtlich lässt sich die Hoffnung auf ein Leben in Frieden und Freiheit nie ganz zerstören. Und genau darauf sollte die Friedensbewegung setzen – über Grenzen hinweg. Das gilt gerade auch für die Kirchen. Achzig Prozent der Weltbevölkerung bezeichnen sich als religiös. Da muss Religion doch positive, friedensstiftende Kraft entfalten können! Ein Viertel der Weltbevölkerung wird dem christlichen Glauben zugerechnet. Da muss die christliche Friedensbotschaft doch etwas bewegen können!

Die ökumenische Bewegung sollte im Namen des Friedens klar Stellung für die Menschenrechte beziehen. Christinnen und Christen in allen Kirchen weltweit haben klar für die Überzeugung einzutreten, dass es keinen Weg zum Frieden durch Krieg gibt, sondern dass Frieden der Weg ist, um zu einem Zusammenleben zu finden, auch dort, wo kulturelle und nationale Differenzen uns trennen. Die ökumenische Bewegung hat Armeen zu verurteilen, die Kriege führen und dabei Folter, Leiden und Vergewaltigung im Gepäck haben. Wir können uns aber positiv für eine internationale Friedenstruppe einsetzen, die nur von den Vereinten Nationen legitimiert sein kann. So kann dieser schmale Korridor legitimierbarer Gewalt um des Aufbaus von Frieden und der Verteidigung der Menschenrechte willen im Sinne der Friedensdenkschrift der EKD aus dem Jahr 2007 aussehen. Der internationale Gerichtshof ist zudem notwendig, damit deutlich wird:

Gewalt wird über nationale Grenzen hinweg von der internationalen Gemeinschaft geahndet.

Und wir haben offensichtlich zu akzeptieren, dass auch Terrorismus letztendlich nicht durch Krieg besiegt werden kann. Das Friedensgutachten 2009 und auch Militärexperten sagten, dass der Krieg in Afghanistan militärisch nicht zu gewinnen sei. Sie haben recht behalten! Nach dem Abzug der internationalen Truppen aus Afghanistan dauerte es nicht lange, bis die Taliban das Land zurückeroberten – und wieder gab und gibt es zahlreiche Opfer zu beklagen.

Es ist wahrhaftig mehr Fantasie für den Frieden gefordert. Dazu ist zuallererst ein Bündnis aller Menschen von entscheidender Bedeutung, die sich nach Frieden in allen Nationen und zwischen allen Religionen sehnen. Wir brauchen starke Zivilgesellschaften, die sich gegen Militarisierung stemmen!

Wir müssen darauf bestehen, dass Religion endlich nicht mehr Konflikte verschärft, sondern zu ihrer Lösung beiträgt. Und es ist deutlich: Ein militärischer Sieg ist noch lange kein Frieden. Es ist notwendig, alles zu tun, um die Konfliktparteien an den Verhandlungstisch zu holen. Frieden und Versöhnung sind mühsame, langfristige Prozesse. Das wissen wir gerade in Deutschland, wo es Jahrzehnte dauerte und noch andauert, bis wir zu einer Versöhnung mit unseren Nachbarländern kamen.

Von der biblischen Botschaft ausgehend bin ich überzeugt, dass die Spirale der Gewalt nur durch Gewaltlosigkeit durchbrochen werden kann. Ich bin mir bewusst, dass mir das als politische Parteinahme ausgelegt oder als realitätsfern wiederum belächelt werden kann. Aber ich habe als Christin die Freiheit, vollkommen parteiunabhängig und frei reden zu können. Andere nennen eine solche Position blauäugig oder pazifistisch. Für mich geht es um eine christliche Grundüberzeugung. Mir liegt als Bürgerin eines demokratischen Staates, in dem ich sehr gern lebe, daran, das Gewaltmonopol an Polizei und Verteidigungsarmee zu delegieren. Auf globaler Ebene kann diese Aufgabe nur durch die Vereinten Nationen wahrgenommen werden. So wie die Polizei national wirkt, kann es das geben, was die EKD einmal »internationale Polizeigewalt« genannt hat, ein Wirken militärischer Einsatzkräfte in engen Grenzen unter Wahrung der Menschenrechte und mit aufmerksamer öffentlicher und politischer Begleitung. Auf diese Weise gibt es jenen besagten engen Korridor der Legitimation militärischer Gewalt, wie ihn das Augsburger Bekenntnis von 1530 für die Soldaten, die »christlichen Standes« sind, definiert. Dabei wird zu diskutieren sein, wie die klare Grenzziehung zwischen Polizei und Militär, die wir in Deutschland kennen, auf internationaler Ebene auszusehen hat.

In diesem Zusammenhang werde ich von Kritikern mit einem weiteren Argument konfrontiert: Weil es in den letzten siebzig Jahren so wenige überzeugende Beispiele für die positive Rolle militärischer Gewalt bei der Wiederherstellung des Friedens gibt, dient ihnen die Kriegsführung der Alliierten gegen Nazideutschland als zeitgenössisches Exempel für die Legitimität kriegerischer Mittel schlechthin. Ich antworte darauf: Niemand stellt infrage, dass damals Gewalt angewendet worden ist zur Verteidigung der Menschenrechte von grausam verfolgten Juden, fanatisch befeindeten Osteuropäern, gegen das Terrorregime der Nazis. Trotzdem gebe ich zu bedenken: Auch ein notwendiger Einsatz von Gegengewalt entfesselt die Furien des Krieges und setzt ein Gewaltpotenzial frei, für das ich keine Rechtfertigung sehe. Ja, »Krieg soll nach Gottes Willen nicht sein«, haben die Kirchen der Welt 1948 in Amsterdam formuliert. Sie taten es im Bewusstsein, dass kriegerisches Geschehen zerstörend auf alle wirkt, die daran beteiligt sind. Wir müssen nur an die Flächenbombardierung von Städten und an die Opfer von Flucht und Vertreibung in ganz Europa denken. Die Bombardierung von Flüchtlingstrecks auf der Ostsee, die massenhafte Vergewaltigung von Frauen und Mädchen: So gerechtfertigt das militärische Handeln der Alliierten gegen Nazideutschland war, hatten doch solche Konsequenzen nichts mehr zu tun mit friedens- oder rechterhaltender Gewalt! Diese dunklen Seiten jedes Krieges wahrzunehmen und anzusprechen ist ein Gebot der Redlichkeit und darf nicht pauschal als Delegitimierung militärischer Gewalt abgewertet werden.

Es war der anglikanische Bischof George Bell, der sich im House of Lords in England ab Februar 1943 vehement und immer wieder gegen die britischen Bombardierungen deutscher Städte wandte. Er sah die ethischen Grundlagen der westlichen Zivilisation und auch eine zukünftige Versöhnung mit Deutschland gefährdet. George Bell war geprägt durch die ökumenische Bewegung. Er hat sich erheblichen Anfeindungen ausgesetzt, wurde als »Vaterlandsverräter« beschimpft. Für mich ist er ein Vorbild von Feindesliebe mitten im Krieg, er hatte das, was ich Fantasie für den Frieden nenne, weil er die Menschen gesehen hat und nicht nur »den Gegner«.

Schon in seiner ersten Rede als Mitglied des Oberhauses in London am 27. Juli 1938 forderte er übrigens die britische Regierung zu verstärkter Hilfe für jüdische Flüchtlinge aus Deutschland auf. Er nutzte seinen Einfluss auch, um gezielt Verfolgte des NS-Regimes zu schützen, etwa als er die Inhaftierung Martin Niemöllers in England publik machte und ihm so wahrscheinlich das Leben rettete.

Ja, ich hätte mir gewünscht, dass es Hunderttausende mutiger Menschen wie George Bell gegeben hätte in ganz Europa. Vor allem aber Menschen in Deutschland, die frühzeitig aufgeschrien hätten, als 1938 hierzulande Gotteshäuser brannten, und gemeinsam gesagt hätten: Wir sind ein Volk aus Juden und Christen, aus Menschen unterschiedlichen Glaubens und ohne Glauben! Wer Juden verfolgt, verfolgt uns, die wir an Jesus den Juden glauben. Dass die Gleise nach Auschwitz 1943 bombardiert worden wären, als bekannt war, wohin sie führten. Dass viele sich schützend vor Sinti und Roma gestellt hätten mit einem Plädoyer für das Zusammenleben unterschiedlicher Kulturen. Dass Homosexuelle Schutz gefunden hätten in christlichen Gemeinden, als ihnen die Deportation drohte. Dass es einen internationalen Aufschrei gegen erneute Waffenproduktion nach 1945 gegeben hätte. Und ich kann nur hoffen und wünschen, dass unser Versagen als Deutsche und als Christen in der Zeit des Nationalsozialismus in der Tat mehr Fantasie für den Frieden freisetzt!

Ich will die Hoffnung nicht aufgeben, dass Menschen zum Frieden fähig sind. Werden wir zu Friedensstifterinnen und Friedensstiftern! Das bleibt die Aufgabe gerade religiöser Menschen. Auf der Weltversammlung für Gerechtigkeit, Frieden und die Bewahrung der Schöpfung in Seoul 1990, an der ich teilnehmen konnte, wurde dementsprechend formuliert: »Wir verpflichten uns, unsere persönlichen Beziehungen gewaltfrei zu gestalten. Wir werden darauf hinarbeiten, auf den Krieg als legales Mittel zur Lösung von Konflikten zu verzichten. Wir verlangen von den Regierungen, dass sie eine internationale Rechtsordnung schaffen, die der Verwirklichung des Friedens dient.«

DER FRIEDEN BRAUCHT EINE REVOLUTION

In einem Interview wurde ich Ende April – da tobte der Krieg in der Ukraine seit acht Wochen – gefragt, wo angesichts der aktuellen Entwicklungen und immer größeren Waffenlieferung an die ukrainische Armee die pazifistischen Ideen zur Lösung des Konflikts bleiben.

Künstler und Intellektuelle haben kurz darauf einen offenen Brief an Bundeskanzler Olaf Scholz veröffentlicht, in dem sie sich für Besonnenheit, Deeskalation und einen Stopp der Waffenlieferungen aussprachen – sie wurden dafür heftig kritisiert und als weltfremd bezeichnet.

Als Künstler empfinde ich es als Auftrag, auch utopische Ideen in die Welt zu tragen. Und ich träume weiter von einer liebevollen und herrschaftsfreien Gesellschaft, in der sich nicht der eine über den anderen erhebt – und in der das Kämpfen ausgedient hat. Das mögen andere als weltfremd bezeichnen. Aber ich sehe keine Alternative dazu. Solange ich kann, werde ich dem Pazifismus meine Stimme geben. Denn es wäre eine Katastrophe, wenn dieser wunderbare Gedanke des Friedenschaffens ohne Waffen jetzt zugrunde gehen würde.

Es ist erschreckend, zu erleben, was in den letzten Monaten passiert ist. Wie sich die Sprache in den Diskussionen über Krieg und Frieden verändert hat. Dass nun wieder mit dem Säbel gerasselt und gedroht wird – von allen Seiten. Irritiert bin ich auch, welche Wandlung die grüne Politik in kürzester Zeit durchgemacht hat. All das ist furchtbar und macht mir Angst.

Den Kniefall, den Robert Habeck als Wirtschaftsminister vor dem Regime in Katar gemacht hat, finde ich unglaublich. Dass es plötzlich wieder in Ordnung zu sein scheint, von solchen Ländern, die die Menschen unterdrücken, Gas zu beziehen.

Menschen wie mir, die davon überzeugt sind, dass Konflikte auch anders zu lösen sein müssen als mit Gewalt, wird vorgeworfen, dass wir mit unserer Haltung das Leben Unschuldiger gefährden – weil wir einem Aggressor wie Wladimir Putin und seiner Armee nicht mit Waffen entgegentreten wollen, um Frieden zu erzwingen. Das finde ich paradox!

Bis auf ganz wenige Ausnahmen wurde ein wirklich gewaltloser Widerstand in Kriegszeiten noch nie wirklich probiert. Es gibt Beispiele, über die leider viel zu wenig in den Medien berichtet wird. Auch in der Ukraine sind unbewaffnete Menschen auf russische Panzer zugegangen – und die Soldaten haben umgedreht. 1943 – das ist leider auch viel zu wenig bekannt – hat die dänische Bevölkerung 7000 dänische Jüdinnen und Juden vor dem Tod bewahrt, indem sie sie versteckt haben, indem sie Widerstand gegen die Besatzer geleistet haben.

Was wäre, wenn Zehntausende friedliebende Menschen aus ganz Europa den Aggressoren unbewaffnet entgegentreten würden? Würde dann auf sie geschossen werden? Ich weiß es natürlich nicht mit letzter Sicherheit zu sagen. Aber es wäre auf jeden Fall eine Chance. Und vielleicht wirkungsvoller, als immer mehr Waffen, Bomben, Granaten und Kampfdrohnen in ein Kriegsgebiet zu liefern.

Man muss auch einmal anfangen und den ersten Schritt auf ein neues Feld wagen.

Ich bin vor allem Künstler, kein Politiker, und ich werde diese Idee weitertragen. Denn es ist eine Idee zur Rettung der ganzen Menschheit. Wir müssen irgendwann beginnen, Frieden zu schaffen ohne Waffen.

»Ich dachte immer, jeder Mensch sei gegen den Krieg, bis ich herausfand, dass es welche gibt, die dafür sind, besonders die, die nicht hineingehen müssen«, sagte Erich Maria Remarque, Autor des Antikriegsromans *Im Westen nichts Neues*. Das trifft den Punkt. Wer von denen, die heute dafür plädieren, Deutsche müssten ihre Verantwortung in der Welt vor allem tötend und sterbend stärker wahrnehmen, zieht denn schon persönlich in den Krieg? Wie zu allen Zeiten schickt man »unsere Jungs« in die Schlacht. Über die »Notwendigkeit von Kriegen« schwadronieren gesetzte Damen und Herren aus sicherem Abstand, das blutige Geschäft müssen dann andere verrichten.

Und wie zu allen Zeiten ist das erste Opfer im Krieg die Wahrheit. Wladimir Putin behauptet, eine militärische Spezialoperation in der Ukraine durchzuführen, um das Land von den Nazis zu befreien, die die Bevölkerung bedrohen.

Dabei ist der ukrainische Präsident Wolodymyr Selenskyj jüdischer Abstammung, und die Argumente für den Krieg entbehren jeglicher Grundlage. Letztlich geht es um Macht.

Erinnert die Behauptung, »es handele sich um eine Befreiungsaktion« nicht fatal an jene »erdrückenden Beweise«, die George W. Bush den Vorwand zum Einmarsch in den Irak lieferten? Es ist erschreckend, wie lückenhaft das Gedächtnis der Menschheit ist, wenn es um Kriegslügen geht.

Der Angriff auf den Irak im Frühjahr 2003 und die Besetzung durch die USA (bis 2011) haben eine halbe Million Iraker das Leben gekostet, sagt eine US-Studie. 500 000 IrakerInnen sind ermordet worden – aus humanitären Gründen, wie es hieß. Sie sollten ja von einer Diktatur befreit werden. Befreite Tote?

Wer es, wie ich, damals gewagt hatte, den Krieg und das Vorgehen der USA zu kritisieren, wurde als antiamerikanischer Verschwörungstheoretiker und als Saddam-Hussein-Versteher verunglimpft. Heute weiß man, dass George W. Bush mehrere Hundert PR-Agenturen beauftragt hatte, um pazifistischen »Weicheiern« und anderen antimilitaristischen Zweiflern den Krieg schmackhaft zu machen.

Heute wird das gleiche »Spiel« wieder gespielt. Und statt der Hussein- sind nun Putin-Versteher ins Visier der Bellizisten geraten. Als gäbe es nichts Schlimmeres als den Versuch, die andere Seite zu verstehen (was ja nicht mit Zustimmung zu all ihren Taten gleichzusetzen ist). Ich bin genauso wenig ein Putin-Freund, wie ich im

Irakkrieg den Diktator Hussein unterstützt habe. Ich bin ein Freund des Friedens und Verfechter der Gewaltlosigkeit.

Glaubt denn wirklich noch irgendein aufgeklärter Mensch, dass wir um der Demokratie willen streiten und bomben? Hans-Peter Dürr, der leider verstorbene große Physiker, Umwelt- und Friedensaktivist, schrieb: »Man braucht kein Pazifist zu sein, um zu erkennen, dass Krieg in seiner heute üblichen hoch-mechanisierten Overkill-Form nicht mehr rational als Problemlöser fungieren kann, da durch ihn, in der Regel, vor allem Unschuldige, jetzt und auch künftig Lebende, getroffen werden und nicht die vermeintlichen oder gar eigentlichen Schurken. Mit Superkeulen, die großzügig und indifferent Lateralschäden in Kauf nehmen, lassen sich, ganz nüchtern betrachtet, Menschenrechte schlicht nicht erzwingen.«

Karl Kraus, der die Manipulation der Massen in den Zeiten des Ersten Weltkriegs durchschaute und wie kein anderer messerscharf analysierte, sagte: »Wie wird die Welt regiert und in den Krieg geführt? Diplomaten belügen Journalisten und glauben es, wenn sie's lesen.« Wir täten heute gut daran, uns auf Karl Kraus zu besinnen. »Als einer der Pioniere der Medienkritik hatte er erkannt, dass die Medien die Wirklichkeit nicht abbilden, sondern erzeugen, dass Meinungen und Stimmungen nicht einfach entstehen, sondern gemacht werden«, schreiben Matthias Bröckers und Paul Schreyer in ihrem lesenswerten Buch *Wir sind die Guten*.

Seit Jahrzehnten beschäftige ich mich bewusst mit Nachrichten und Zeitungen: Niemals habe ich annähernd eine derartige Propagandaschlacht erlebt wie heute. Es ist erschreckend zu sehen, wie sich manche Leitmedien, obwohl sie mit zum Teil sehr klugen Kommentaren überhäuft werden, penetrant weigern, ihre Leser ernst zu nehmen. Noch ist allenthalben viel gesunder Menschenverstand, sind Mitgefühl und kluge Zurückhaltung in der Bevölkerung verbreitet. Aber durch den Dauerbeschuss mit Un- und Halbwahrheiten kann man den Menschen diese Eigenschaften auch nach und nach aberziehen. Wie macht man ein friedliebendes Volk kriegslüstern? Man hat dies unter anderem zu Beginn des Ersten Weltkrieges gesehen: durch Propaganda, durch Erfindungen und Lügen, durch die Erschaffung eines Feindes. War es nicht immer schon so? Die Menschen wollen keinen Krieg, bis man dieses Wollen durch gezielte PR in die richtigen Bahnen lenkt.

Anlässlich eines Gedenkens für die Gefallenen des Ersten Weltkrieges, rief Papst Franziskus während einer Messe an der italienischen Gedenkstätte Fogliano Redipuglia vor 100 000 Menschen: »Der Krieg ist Wahnsinn!« Mit einer vehementen Anklage gegen Waffenhändler und Kriegshetzer gedachte der Pontifex der Toten aller Kriege. Und er zog Parallelen zu jener Epoche, deren (trauriges) Jubiläum wir 2014 feierten. Wie 1914 entstünden auch heute Kriege durch geopolitische Pläne, Geldgier, Machthunger und die Interessen der Waffenindustrie. »Die Geschäftemacher des Krieges verdienen damit viel Geld und haben durch ein verdorbenes Herz das Weinen darüber verloren«, sagte Franziskus, der mir immer mehr aus dem Herzen spricht. Auch jetzt tritt er im Ukrainekonflikt entschieden für den Frieden ein.

Während das Volk mit Brot und Spielen gefüttert wird – wobei es mit dem Brot speziell für die wachsende Schicht der Armen im Land hapert –, dealt die Große Koalition fleißig weiter mit Waffen: für »lupenreine Demokratien« wie Saudi-Arabien, Algerien, Ägypten und Katar. Mit diesen Waffen wird gemordet, das kann man sich schönreden, wie man will. Sie werden in der jeweiligen Region weiterverkauft, ohne dass Deutschland auch nur irgendeine Form der Kontrolle darüber hätte. Vermutlich will man das aber auch gar nicht. Zu große Zurückhaltung beim Töten könnte Arbeitsplätze in der heimischen Rüstungsindustrie gefährden.

Eine neue »Kultur des Krieges« entsteht gerade, wie es Jakob Augstein in einem seiner hervorragenden Kommentare benannte. Eine Kultur des Krieges, in die sich auch die Grünen – einst die Partei Petra Kellys – einreihen, etwa wenn Anton Hofreiter fordert: »Wir müssen jetzt endlich anfangen, der Ukraine das zu liefern, was sie braucht, und das sind auch schwere Waffen.«[4]

In einer Zeit, in der es mehr bewaffnete Konflikte gibt als je zuvor, wird nun aus allen Ecken wieder auf den Pazifismus eingeprügelt. Anstatt sich ernsthaft Gedanken zu machen, wie der Friede vorbereitet werden kann, denkt man in bestdotierten Thinktanks darüber nach, wie man neue Märkte erschließen kann: mit Waffen, mit Gewalt und der immer gleichen Anmaßung, sich auf der Seite des Guten zu wähnen. Und ein armer, missbrauchter Gott wird wohl bis in alle Ewigkeit die Waffen segnen müssen – vorzugsweise für beide Varianten des »Guten«. Wo bleibt da der Gott der Liebe, des Verzeihens und Erbarmens, wie er etwa von Jesus gelehrt wurde, der sich eher verletzen und töten ließ, als auch eine einzige Verletzung eines seiner Feinde zuzulassen? Vergessen, verjagt, ausgeklammert aus Gehirnen, die sich von der Logik des Krieges haben kolonialisieren lassen.

Uns wird weisgemacht, dass Frieden noch immer das Endziel westlicher Politik sei – selbstverständlich erst, nachdem mit Waffengewalt eine gerechte Ordnung in den Konfliktregionen geschaffen wurde. Was wäre aber, wenn beispielsweise eine andauernde Instabilität im Nahen Osten geradezu erwünscht wäre, um militärische Dauerpräsenz damit zu rechtfertigen? Was wäre, wenn all der Wahnsinn wohlgelitten wäre, um immer wieder aus »humanitären Gründen« eingreifen zu können, wieder Waffen verkaufen zu können und die Welt in Unruhe zu halten? Es wäre ehrlicher, zuzugeben, dass das kapitalistische System immer wieder Kriege braucht, um sich am Leben zu halten.

Was derzeit geschieht, macht mir Angst. Wenn die maßvollen und vernünftigen Kräfte es nicht schaffen, eine gewaltige internationale Friedensbewegung auf die Beine zu stellen, die ein eindeutiges »Mit uns nicht!« skandiert, kann es passieren, dass Europa wieder in einem Krieg verbrannt wird.

Deutschland hat im Jahr 2021 fast 53 Milliarden Euro für Militär ausgegeben aber nur 55 Millionen für den Friedensdienst. Das sagt eigentlich alles. Eine friedliche Welt war dem freien Markt und seinen Kriegsgewinnlern immer schon ein Dorn im Auge.[2]

Auch um der nur allzu offensichtlich kriegsfreundlichen Meinungsmache in den großen Medien etwas entgegenzusetzen, haben wir uns entschlossen, dieses Buch herauszugeben. Unser »Duett« soll zu einem ganzen Chor aufrechter und kluger Stimmen aus Vergangenheit und Gegenwart anschwellen, der mit aller Vehemenz für die Sache des Friedens eintritt.

Wir glauben weiter an die Kraft der Veränderung. Ungehorsam ist nun gefragt. Wir sollten Schulen des Ungehorsams gründen, um ein Gegengewicht gegen die die Seele deformierenden Gehorsamsschulen des Militärs zu schaffen. Zuallererst müssen wir uns gegen die Nebelkerzen wehren, mit denen wir täglich beschossen werden. Aber, wenn sich der Nebel endlich gelichtet hat, sind wir dann auch bereit, aufzustehen? Was wäre, wenn der Friede kein Wunder bräuchte, sondern eine Revolution?

EUGEN DREWERMANN

DAS BÖSE SCHEINT AUSGEMACHT

Interview mit Stefan Seidel, 7. März 2022

Stefan Seidel: Herr Drewermann, der Krieg in der Ukraine erschüttert viele. Plötzlich ist eine Eskalation da, die man in Europa so nicht mehr für möglich gehalten hat. Sie befassen sich ein Leben lang mit den Fragen von Krieg und Frieden und sind christlicher Pazifist. Wie beurteilen Sie die aktuellen Ereignisse?

Eugen Drewermann: Das eine ist das mehr als berechtigte Entsetzen und Grauen angesichts des Leidens, das der ukrainischen Bevölkerung durch diesen Krieg zugefügt wird. Dagegen revoltiert alles. Das ist menschlich mehr als gut verständlich. Auch dass die Hilfsbereitschaft so groß ist, sogar die Aufnahmebereitschaft für Flüchtlinge wie noch nie – das alles ist hoch zu loben. Auf der anderen Seite ist aber natürlich auch ein Unterschied beobachtbar: Wir mobilisieren jetzt gegen Russland als das ausgemachte Böse und schieben der Politik dort absolut die Schuld für die Ereignisse zu. Selbst das ist ein Stück weit verständlich. Auch mich hat nicht nur enttäuscht, sondern entsetzt, dass nach Tagen der Erklärung, es sei kein Krieg gegen die Ukraine beabsichtigt, dann doch der Einmarsch befohlen wurde.

Was wir jetzt miterleben, ist für Krisen- und Angstsituationen wiederum verständlich: Es polarisiert sich die

Mentalität in einem Aggressionsmodus nach der Devise: »Man muss das Böse bekämpfen mit allen Mitteln«. Das Böse scheint ausgemacht, es ist lokalisiert, es ist die Gegenseite – und umgekehrt sind wir die Guten und die Richtigen. An dieser Stelle müsste die Nachdenklichkeit beginnen. Es gehört schon zum Vorlauf eines jeden Krieges, dass diese Polarisierung in Freund und Feind, in Richtig und Falsch, Gut und Böse, Engel und Teufel über die Medien angeheizt wird. Das ist mit Blick auf Russland seit vielen Jahren der Fall.

Stefan Seidel: Was genau wurde da in Bezug auf Russland angeheizt?

Eugen Drewermann: Was man Russland vorwirft, ist eigentlich, dass es nicht mehr damit einverstanden ist, die NATO-Osterweiterung Zug um Zug weiter miterleben zu müssen, die auch bis in die Ukraine hinein geht, jetzt neuerdings auch in Georgien und Moldawien passiert – das soll so weitergehen. Russland fühlt sich von der NATO betrogen. Wir müssen uns erinnern: 1989 waren es die Russen, war es Michail Gorbatschow, der vorschlug, Gesamteuropa vom Ural bis zum Atlantik zu demilitarisieren. Das wäre ein wunderbares Angebot gewesen. Darauf einzugehen hätte eine entschiedene Wende der Weltgeschichte bedeutet. Wir hatten zum ersten Mal den Frieden auf dem Tisch liegen, wir hätten nur zugreifen müssen. Dann hat man Russland versprochen, die NATO würde sich keinen Zentimeter gen Osten ausdehnen. Das alles ist systematisch gebrochen worden.

Damals hatte die NATO noch sechzehn Mitglieder, heute hat sie dreißig. Und dann muss man sehen, wie aufgerüstet wird. Russland gibt pro Jahr etwa 80 Milliarden Dollar für Rüstung aus. Das ist unsinnig viel. Aber wenn wir, die Deutschen, jetzt mal aus der Hand 100 Milliarden Euro für Aufrüstung in zwei Jahren versprechen, ist das ein Fünftel mehr, als Russland aufrüstet in einem Jahr. Und die Amerikaner stehen bei über 700 Milliarden Dollar jedes Jahr, die NATO kommt hinzu mit über 300 Milliarden. Wir geben im Westen für Rüstung das Dreizehnfache von dem aus, was Russland ausgibt. Das sind die Proportionen. Also wer hätte da Grund, sich vor dem anderen zu fürchten?

Stefan Seidel: Was wäre die Alternative?

Eugen Drewermann: Wir müssen die Angst des anderen verstehen, die wir ihm machen, weil wir vorgeblich oder wirklich Angst vor ihm haben. Dieser Teufelskreis muss einmal gebrochen werden. Und jetzt rede ich nicht mehr politisch oder historisch, sondern ich meine das in allem Ernst als Christ: Frieden kann nicht kommen in der Politik der Stärke, die die NATO seit ihrer Gründung 1949 mit immer scheußlicheren Waffen – Atombomben, Wasserstoffbomben, Neutronenbomben, biologischen Waffen, chemischen Waffen, konventionellen Waffen, Napalm als Dauerregen über Vietnam – unendlich weiter vervollständigt. So wird nie Frieden sein, aus diesem Diktat der Stärke. Es ist aber alles, was unseren Politikern einfällt, und es ist biblisch gesehen absolut verkehrt. Da wünschte ich mir sehr von den Kirchen, dass sie daran erinnern, dass Jesus am Palmsonntag genau das Gegenteil demonstriert hat: Man erwartete einen starken König in Israel, ein zweites davidisches Großreich und dachte, dass Jesus genau das bringe und die Römer vertreibe aus dem Heiligen Land. Aber er führt die Weisung aus dem Propheten Sacharja auf: Frieden kommt durch einseitige Abrüstung; die Bogen zerbrechen, und die Kriegswagen verbrennen.

Und dann sagt der Prophet: Wenn je ein Mensch kommt, der von Gott gesandt ist, dann wird er auf einem Esel friedfertig einreiten in Jerusalem. Das macht Jesus. Es ist das »Nein« zu der gesamten Machtpolitik der Drohkulisse, der Angstmaschinerie, mit der wir Angst bewältigen nur durch Angstverbreitung – das ist eine unselige Mechanik in unserer Psyche, die wir endlich durch Vertrauen, durch Gespräch und Berücksichtigung dessen, was wir dem anderen antun in eigener Angst, aufarbeiten müssen. Und da wäre die Stimme der Kirche dringlich nötig. Frieden kommt nicht aus der Politik der Stärke, sondern ganz im Gegenteil.

Stefan Seidel: Sie sprachen den bestimmten westlichen Blick und die Rolle der Medien in Zeiten des Krieges und Vorkrieges an.

Eugen Drewermann: Denken wir nur daran, dass die USA seit 2001 sechs arabische islamische Staaten bombardiert haben, mit Millionen Toten. Das alles war unseren Medien fast vollkommen egal. Wir haben nicht einmal das Geld gehabt für die Flüchtlinge, die von Syrien kommen und auf den griechischen Inseln sitzen. Zwei Milliarden hätten genügt, wenigstens jetzt im fünften Winter den Menschen dort eine Unterkunft zu gewähren. Das war nicht möglich, weil wir kein Geld hatten. Aber jetzt für Rüstung mal eben 100 Milliarden zusätzlich. Wir haben kein Geld, die Flüchtlinge aus Libyen aufzunehmen – wir lassen sie im Mittelmeer ertrinken –, aber Geld für Rüstung haben wir. Dieser Wahn muss irgendwann beendet werden.

Stefan Seidel: Trotzdem ist derzeit die militärische Logik die beherrschende. Stimmen, die sich für Pazifismus starkmachen, werden der Inhumanität bezichtigt. Es gilt als ethische Verpflichtung, für Waffenlieferungen und Aufrüstung einzutreten. Wie wäre aus dieser Vorherrschaft militärischen Denkens herauszukommen?

Eugen Drewermann: Man hat uns eigentlich in der Zeit des Kalten Krieges in gewissem Sinn belogen. Man hat uns gesagt, wir brauchen eine starke Armee, um Russland abzuschrecken, um Feinde abzuschrecken, und wir lernen das Entsetzliche der Kriegführung eigentlich nur, um nie Krieg führen zu müssen, eben weil wir den Aggressor abschrecken durch die Scheußlichkeit unserer Methoden und unserer Waffen. Das hat man geglaubt in der Zeit des sogenannten Kalten Krieges. Der ging 1989 definitiv zu Ende. Das heißt, er hätte zu Ende gegangen sein können. Dann aber wurde er weitergeführt von den Amerikanern, und jetzt stand man vor einem Erklärungsdefizit: Wie kann man noch begründen, dass wir so weitermachen? Ich habe damals in einer evangelischen Zeitung geschrieben: »Ab sofort werden wir töten müssen.« Bis dahin gab es die Vorgabe eines moralischen Splittings: Wir üben das Töten, um nicht töten zu müssen. Wenn wir aber jetzt so weitermachen, werden wir töten müssen. Wir werden Auslandseinsätze haben, die genau das, was wir üben, zur Anwendung bringen.

Und dieses Legitimationsdefizit konnte man ja nur moralisch füllen, man brauchte Gründe, warum wir beispielsweise auf dem Balkan aktiv werden müssen. Diese Gründe waren herbeigelogen. Anstatt endlich zu sagen, die Moral nötigt uns, jeden Krieg zu vermeiden durch Abrüstung, durch Verständnis für die Gegenseite, und die NATO für genauso überflüssig zu erklären wie den Warschauer Pakt, hat man ganz im Gegenteil den Kalten Krieg für gewonnen erklärt und wollte durch Ostausdehnung all die Gebiete, aus denen sich die Sowjetunion gerade nach ihrem Scheitern zurückgezogen hatte, für den Westen okkupieren. Was wäre, man hörte einmal zu, was der andere sagt, was in ihm vor sich geht, was er meint?

Stefan Seidel: Was sollten die Kirchen tun?

Eugen Drewermann: Die Kirchen sind in einer dringenden Verpflichtung, zu widersprechen. Die Botschaft Jesu lautet eindeutig: Nein zu einer Politik des Starkseins, die dem anderen die eigene Art des Friedens diktiert. So ist der Frieden nie gekommen. Er kommt auch nicht nach dem nächsten Krieg. Auch nicht nach dem endlich richtigen Krieg. Es kann keine moralische Verantwortung zum Töten von Menschen geben. Es gibt im Vorlauf jeden Krieges diese Polarisierungen. Denn wir können Menschen guten Gewissens nur töten, wenn es gar keine Menschen mehr sind, wenn sie Ungeziefer sind, Unmenschen sind, wenn sie die Bösewichte schlechthin sind, die Inkarnation des Teufels. Wir dürfen dieser Propaganda, die Moral in ein Kampfmittel umwandelt, nicht länger glauben. Wenn sie wieder anfangen zu sagen »Wir sind die Guten« und »Drüben sind die Bösen«, sind wir dabei, gründlich etwas falsch zu machen und uns selber zu verlieren.

Stefan Seidel: Wie kommt man aus solchen Teufelskreisen heraus?

Eugen Drewermann: Zunächst muss man sehen, dass derzeit einzig und allein die militärische Logik hochgefahren ist. Die Sache ist klar, es heißt: »Wir gegen Putin«, gegen das klar zu verortende Böse. Wenn man den Frieden wirklich wollte, könnte man ihn heute Nachmittag noch haben. Man müsste vonseiten der NATO erklären, die Ukraine wird nicht Teil der NATO und wir rüsten sie auch nicht weiter gegen Russland auf. Wir erwarten, dass das Gebiet im Donezk nicht weiter bombardiert und mit Angriffen belegt wird – bei einer Bevölkerung dort, die mit der Zentralregierung in Kiew nichts mehr zu tun haben will. Wir wollen wirklich unsere eigene Macht dafür einsetzen, dass Frieden sei. Genau davon ist aber nicht die Rede. Man kann es sich ja wieder leisten.

Stefan Seidel: Und wie sieht es mit der Seite Russlands aus?

Eugen Drewermann: Was ich nicht verstehe an der Politik Russlands im Moment, ist, wie man in diesen Krieg aus militärischer Logik hat einsteigen können. Zu erwarten steht, dass die Amerikaner die Ukraine aufrüsten werden für einen Partisanenkrieg. Man kann den Russen einen Igel ins Bett legen, bei dem sie sehr schlecht schlafen werden. Und damit hat man einen Propagandazweck, einen weiteren Durchmarsch, man kann noch verstärkter, als wie es schon geschieht, die Westgrenze Russlands militärisch ausbauen, und man hat die Bevölkerung wie einen Mann hinter sich. Noch nie war Europa derart in Kriegsbereitschaft, wie es jetzt der Fall ist.

Stefan Seidel: Wie sollten Christen mit den aktuellen Fragen nach Krieg und Frieden umgehen?

Eugen Drewermann: Moralisch sind alle Werte in Richtung Krieg gesteuert. Wir müssen Krieg führen, weil wir die Guten sind im Kampf gegen die Bösen. Das Einzige, was mir bleibt, das ich dringlich mein Leben lang vertrete, ist die religiöse Option. Die ganze Weltgeschichte, solange wir sie kennen, besteht in dieser Paranoia: »Wir müssen stark sein aus Angst, dass jemand uns angreift.« Kein Mensch ist offensichtlich willens und fähig, die eigene Angst zu überwinden durch Vertrauen und zu reden mit demjenigen, den er fürchtet. Selbst Tiere kennen das, in der Weise, wie sie schauen: Sind die Augen angstgeprägt, machen sie demjenigen Angst, der sie sieht. Aus dieser Mechanik müssen wir heraus. Bei Tieren ist das eine momentane Reaktion, die zeitlich begrenzt ist und wenig Schaden anrichtet. Wir Menschen haben den Verstand dazu gebraucht, aus dem Problem etwas grundsätzlich Systematisches zu machen: Wir müssen in jeder Weise stärker sein als jeder potenzielle Gegner.

Es ist ein Wahnsinn der menschlichen Geschichte, eine Paranoia, auf die Jesus antworten wollte. Lesen wir das Neue Testament, sagt er in Johannes 14: »Ich gebe euch einen Frieden, wie die Welt ihn gar nicht geben kann.« Der Frieden der Welt ist Abschreckung – »Balance of Power«, »Gleichgewicht der Scheußlichkeiten«, permanente Bedrohungen, die sich immer höherschrauben. Das ist kein Frieden, das ist die permanente Angst. Dagegen erzählt die Legende im Neuen Testament, haben die Engel über den Fluren von Bethlehem verkündet: »Heute ist der Heiland geboren. Friede auf Erden den Menschen, die an Güte glauben.« Das hat Jesus in die Welt getragen, und so stimmt es. Dann ist jeder Krieg ein Verbrechen, er hat überhaupt keine moralische Rechtfertigung. Das Töten von Menschen ist nicht das Retten von Menschen. Wir müssen den Kernpunkt, die Angst, die der Staat selber organisiert, instrumentalisiert und für Machtzwecke ausbeutet, widerlegen, indem wir als Christen sagen: »Wir glauben das alles nicht mehr.« Man kann nur mit Vertrauen, mit innerer Stärke den Krieg überwinden.

Stefan Seidel: So hat das auch Reinhold Schneider 1936 in einem Gedicht ausgedrückt: »Allein den Betern kann es noch gelingen / Das Schwert ob unsern Häuptern aufzuhalten […]«.

Eugen Drewermann: Das ist mein Albtraum aus Jugendjahren, dass Reinhold Schneider nicht mehr auf dem Katholikentag sprechen durfte, weil er gegen die Aufrüstung der Bundeswehr war und gesagt hat, wenn wir wieder eine Armee einführen, werden wir auch gezwungen sein, militaristisch zu denken, wir ändern unseren Charakter, wir fangen an zu theoretisieren, wann ein Krieg wieder gut oder schlecht sein könnte. Er hatte lediglich Skrupel säen wollen, dass es nur zehn Jahre nach dem Desaster des Krieges mit neuen Vorwänden wieder in die militärische Richtung geht. Diese leise Stimme von der Tragik des Politischen im Angesicht der Gnade durfte Reinhold Schneider nicht mehr sprechen, weil es nicht erwünscht war und der Papst erklärt hatte, kein Katholik habe das Recht, sich auf sein Gewissen zu berufen und den Wehrdienst zu verweigern. So weit kann Angst gehen – die totale Mobilmachung unter Gewissenszwang. Es ist mein ganzes Leben, dass ich genau dagegen protestiere.

Wir müssen aus der Angstmacherei endlich herauskommen, aber das will die Politik nicht, ja, sie besteht geradezu darin. Das ist natürlich keine Lösung. Auch nicht mit Moral, die ist sofort vereinnehmbar vonseiten der Immer-Richtigen. Das führt immer zur Aufrüstung. Es gibt nur die eine Lösung, und die ist religiös, und sie steht im Neuen Testament seit 2000 Jahren griffbereit. Ich sage es mit George Bernard Shaw: »Ich höre dauernd, dass man mit der Bergpredigt keine Politik machen kann, aber dann versucht es doch wenigstens ein Mal.«

WOLLEN WIR DIE DRITTGRÖSSTE
MILITÄRMACHT WERDEN?

Krieg ist ein Verbrechen an der Menschheit. Entsprechend hat die Deutsche Friedensgesellschaft – Vereinigte Kriegsdienstgegner*innen sofort den russischen Angriffskrieg auf die Ukraine und Präsident Putins Drohung mit dem Einsatz von Atomwaffen verurteilt.

Kanzler Scholz hat eine massive Aufrüstung angekündigt. Sie nützt der Ukraine nichts. Und selbst im Rahmen einer militärischen Abschreckungslogik sind die 100 Milliarden Euro nicht annähernd nachvollziehbar. Denn eine weitere Aufrüstung der osteuropäischen NATO-Staaten kostet niemals eine solche Summe.

Schon die bisherige Hochrüstung – in Deutschland ein Plus von 58 Prozent in den vergangenen zehn Jahren auf gut 50 Milliarden Euro – sorgte nicht für Sicherheit: Der Etat aller NATO-Staaten zusammen ist schon heute sechzehnmal höher als der Russlands. Das hat nicht die Gefährdung durch russische Streitkräfte gemindert.

Diese 100 Milliarden sind nicht »Sicherheit neu denken«, sondern altes Denken, um mit Michail Gorbatschow und den 125 000 Teilnehmenden an den Großdemos des 13. März zu sprechen. Militärische Scheinlösungen haben in Afghanistan, Mali und gegen den Terror versagt.

170 000 haben am 10. März an den Friedensdemos von Fridays for Future teilgenommen. Im Rahmen dessen haben Schüler*innen und Studierende geschrieben: »Wenn wie geplant jedes Jahr mehr als zwei Prozent des Bruttoinlandprodukts in die Bundeswehr fließen, sind wir bald die drittgrößte Militärmacht, vor Russland. Wir wollen nicht in einer Welt voller Waffen leben, sondern in einer Zukunft ohne Krieg, Klimakrise, Armut und Hunger.« Vor uns wären nur die USA und China. Heute steht Deutschland an siebter Stelle.

Die Alternativen: Ein Öl- und Gasembargo würde den Ukrainekrieg schneller beenden als Waffenlieferungen, die ihn vielmehr in die Länge ziehen. Sanktionen sind alternativlos. Ein Aufruf von Ursula von der Leyen insbesondere an russische Soldaten zur Desertion wäre ein weiterer Beitrag zur Kriegsbeendigung. 50 deutsche Organisationen fordern Asyl für Kriegsdienstverweigerer und Deserteure aus Russland, Belarus und der Ukraine. Zum wichtigen zivilen Widerstand zählt die Plakataktion der Mitarbeiterin des russischen Staatsfernsehens am 14. März, und dass sich unbewaffnete Ukrainer*innen vor russische Panzer stellen.

Vor allem kommt es zur Beendigung des großen Leids der Ukrainer*innen auf diplomatische Lösungen an. Es führt – leider – kein Weg vorbei an Verhandlungen mit Putin.

Hat die Diplomatie ihre Grenzen erreicht? Nein, die Möglichkeiten der Diplomatie wurden nicht ausgereizt. Wenn es klar war, dass Putin plante, in die Ukraine einzumarschieren (wie es die US-Geheimdienste vorausgesagt hatten): Warum war es dann für den Westen unmöglich, Putins oft wiederholter Hauptforderung zuzustimmen: einer Garantie, dass die NATO nicht die Ukraine aufnimmt?

Das ließe sich revidieren, indem die NATO Präsident Selenskyjs Angebot der Neutralität der Ukraine in Verbindung mit internationalen Sicherheitsgarantien unterstützt und einen NATO-Beitritt ausschließt.

Als Beitrag zur Deeskalation sollte die EU Putin Verhandlungen über den von ihm am 22. Juni 2021 öffentlich vorgetragenen Wunsch nach einem einheitlichen Wirtschaftsraum der EU und der Eurasischen Wirtschaftsunion vom Atlantik bis zum Pazifik vorschlagen.

Das Vertrauen zu Putin steht auf einem Tiefpunkt, seine Glaubwürdigkeit hat massiv gelitten. Gerade deshalb würden Abrüstungsverhandlungen eine Chance darstellen: Schon im Kalten Krieg gelang es, durch Abrüstungsverhandlungen in kleinen Schritten Vertrauen aufzubauen. Verhandlungen etwa über ein Verbot von Mittelstreckenraketen in Europa wären dringend geboten und sinnvoller als kostspielige Raketenabwehrsysteme.

Zu guter Letzt ist Prävention die beste Therapie. Deshalb fordert »Sicherheit neu denken«, jährlich zehn

Prozent der zusätzlichen Militärausgaben umzuschichten auf zivile Konfliktbearbeitung und Krisenprävention – etwa zur Stärkung der zivilen Friedensfachkräfte und der sozialen Verteidigung. Letzteres geschieht in Litauen.

KEIN GRUND NIRGENDS,
DIE PAZIFISTEN ZU VERACHTEN

Je geringer an Zahl eine Minderheit, umso wohlfeiler scheint es, auf diese kleine Gruppe Hohn, Gespött und Aggression zu versammeln. Pazifistische Überzeugungen stehen aktuell in der veröffentlichten Meinung nicht hoch im Kurs. Ganz Deutschland wird stattdessen mit Schreckensbildern des islamistischen Terrors oder anderer Horrorszenarien weltweiter Bürgerkriege einem hochmoralischen Härtetest unterzogen, der dem ähnelt, mit dem einst Wehrdienstverweigerer drangsaliert wurden: »Was tun Sie, wenn vor Ihren Augen Ihre Mutter von einer Soldateska brutal vergewaltigt wird, und Sie haben eine geladene Pistole in der Hand?«

Die Mutter unserer Kompanie, Ursula von der Leyen, posiert mitten im kurdischen Kampfgebiet, um den fremden Bodentruppen, Kindern anderer Völker, Kampfesmut einzuhauchen. Ein Parteivorsitzender der Grünen, Cem Özdemir, verkündet, in solchen Konflikten sei mit der Yogamatte unterm Arm halt nicht viel auszurichten. Solche Witzelei ist in der Partei, die ohne die Friedensbewegung nie entstanden wäre, schon an sich eine Schändung von Geist und Mythos ihrer Gründergeneration von Petra Kelly bis Joseph Beuys. Außerdem ist sie historisch von erschreckender Unbedarftheit. Dennoch regt sich kaum jemand darüber auf. Der

Pazifismus scheint rückstandsfrei abgewickelt und ins Reich der Träume aus der Jugendzeit der Bundesrepublik verbannt. Militärische Optionen umgeben sich mit der Aura zeitgerechter Verantwortungsethik und dem Ruf nach Erwachsenwerden von Staaten, die ihre neue Rolle in der Welt markieren wollen wie Hunde ihr Revier.

Die modernen Bellizisten rechtfertigen sich meist mit dem Verweis auf die »schändliche« Appeasement-Politik der Alliierten gegenüber Hitler zur Zeit des Münchner Abkommens 1938. Dieses historische Zitat treibt sein Unwesen in der Debatte, seit der damalige Generalsekretär der CDU, Heiner Geißler, auf dem Höhepunkt der Friedensbewegung dieser entgegenschleuderte: »Der Pazifismus hat Auschwitz erst möglich gemacht!« Damals wehrte sich Willy Brandt mit großer Heftigkeit: »Ein Hetzer ist er!«, und Heiner Geißler hat diese Polemik später bedauert. Einen Verteidiger wie Willy Brandt gibt es heute nicht mehr, aber viele Meinungsoligarchen, die bei allen möglichen Kriegseinsätzen (im Kosovo, im Irak, in Syrien, gegen den Islamischen Staat) an die vermeintlichen »Lehren von Auschwitz« appellieren und dabei wenig Rücksichten auf die historischen Fakten nehmen. Zu diesen Fakten gehört, dass die britischen Appeasement-Politiker jener Tage höchst beleidigt gewesen wären, als »Pazifisten« bezeichnet zu werden – sie waren Machtpolitiker eines Weltreiches und brauchten nur Zeit für ihre eigene Kriegsvorbereitung. Wirkliches Opfer des Münchner Abkommens aber war damals die junge Tschechoslowakische Republik. Und besonders tragisch war, dass das damalige Abkommen, das Chamberlain mit Hitler abschloss, die sehr weit gediehenen Pläne der militärischen Opposition in Deutschland verhindert hat, Hitler wegen seiner unverantwortlichen Weltkriegspläne zu entmachten, seines Amtes zu entheben und in einem Hochverratsprozess anzuklagen. Zu diesem Zeitpunkt gab es keine Kriegsbegeisterung in Deutschland – weder in der deutschen Bevölkerung, die die Erinnerung an den Ersten Weltkrieg und seine Folgen noch in den Knochen und Nerven hatte, noch an der Spitze des Generalstabs, wo der spätere Kopf der Umsturzpläne des 20. Juli, General Ludwig Beck, alles versuchte, um die Kriegspläne zu verhindern. So ein Staatsstreich zu diesem Zeitpunkt allerdings hätte wirklich die Chance gehabt, »Auschwitz« zu verhindern, leider fand er auch im Ausland keinerlei Unterstützung.

Wenn nicht mit den »Lehren von Auschwitz« argumentiert wird, wird meist ein anderes Argument bemüht: Die heutige globale Welt mit ihren asymmetrischen Schlachten erfordere eine grundlegende Revision des traditionellen Kriegs- und Völkerrechts – bei diesen völlig neuen Kriegen sei kein Platz mehr für pazifistische Strategien.

Erstaunlich und ein einziger Quell von Hoffnung ist, dass die Bevölkerung bei dieser ständigen moralischen Mobilmachung von einer zähen Skepsis erfüllt bleibt. Sie misstraut diesem neuen Menschenrechts-Bellizismus. Diese meist stumme, notorisch kriegsunwillige Mehrheit bewahrt nicht nur die traumatischen Bilder der letzten Weltkriege, der eigenen Schuld und der

Bombenkriege im kollektiven Gedächtnis. Sie hat auch die überzeugenden Beispiele von Politikern vor Augen, die an wichtigen Scheidewegen von heftigen Konflikten alles, aber auch alles daransetzten, ihren Kampf gewaltfrei zu führen. Mit der Schonung der eigenen Mitkämpfer wollten sie auch dem Gegner einen Ausweg zu einer friedlichen gemeinsamen Zukunft offenlassen. Das war das Beispiel des gewaltlosen Widerstands eines Gandhi gegen das britische Empire, eines Nelson Mandela gegen das blutige Apartheitsregime Südafrikas, eines Martin Luther King in den USA der Rassendiskriminierung, eines Václav Havel und eines Lech Wałęsa gegen den fortwährenden Stalinismus in ihren Ländern: Ihre gewaltfreien Aktionen, ihre wehrlosen Sit-ins, Denkschriften, Widerstandsaktionen, Hungerstreiks, zuletzt ihre runden Tische und endlosen Dialoge selbst und gerade mit den Vertretern der gewalttätigen Machthaber, bestimmten damals die Fantasien der Welt und überwanden selbst die verbissensten Ressentiments und Hetzkampagnen der politischen Gegner – sowie Angst und Rachegefühle in den eigenen Reihen. Am erfolgreichsten waren diese pazifistischen Strategien, als sie als Antwort einen Michael Gorbatschow auf den Plan riefen, der sich aus Afghanistan zurückzog und 1989/90 seine Soldaten in den Kasernen ließ, die doch immer noch ein gewaltiges Blutbad hätten anrichten können.

Das war vor mehr als dreißig Jahren – und scheint heute Äonen entfernt. Es fehlt ja nicht an Beweisen für die politische Qualität und Wirkmächtigkeit des Pazifismus, es fehlt an Politikern, die aus diesen Jahren der

Blütezeit gewaltfreier Konfliktlösungen Konsequenzen für heute ziehen.

Wollen die selbst ernannten Totengräber des Pazifismus wirklich behaupten, in der Ukraine sei eine Oligarchin Julia Timoschenko, in Russland ein Multimilliardär Michail Chodorkowski und eine Punkband Pussy Riot Erben dieser Tradition und gehörten deswegen in diese Reihe der Freiheitskämpfer der Menschheit? Sollen wir wirklich intellektuell zustimmen, die IS-Soldateska sei aus dem reinen Nichts des Bösen entstanden und hätte weder mit dem Irakkrieg noch mit dem Afghanistan-Desaster, nichts mit der Tragödie von Syrien oder der Destabilisierung des ganzen Nahen Ostens zu tun?

Manchmal scheint mir, die Pazifismusverächter rufen immer dann die Pazifisten zur Verantwortung für das Große und Ganze und fordern sie mit Inbrunst als Mitkämpfer an ihre Seite, wenn sie am Ende ihrer Logik angekommen sind und die düsteren Schatten des von ihnen verursachten Chaos selbst nicht mehr ertragen. Die falsche »Lehre aus Auschwitz« hat ihr Rettungsversprechen nicht eingelöst. Die militante Verbreitung der westlichen Werte mit den Mitteln des von außen herbeigeführten oder massiv geförderten »Regime-Change« hat weder befreit noch gerettet. Sie hat ganze Landstriche in existenzielle Katastrophen gestürzt. Da hilft nur die Einsicht, dass diese hochmoralisch begründete, triumphale Strategie an der Wirklichkeit gescheitert ist. Der Rausch ist vorbei. Einen Ausweg aus diesen falschen Konzepten zu suchen, ist die Notwendigkeit des Augenblicks.

WIE FRIEDEN?

Wie können wir die Frage um Krieg und Frieden, um Gewalt und Friedfertigkeit klären, wenn unsere Sicht verdunkelt wird durch die – auch von Teilen des wissenschaftlichen Establishments geförderte – Annahme, dass die menschliche Evolution nur durch Kampf und Konkurrenz vorangetrieben wurde? Dass das Überleben einer Spezies auf dem Untergang einer anderen basiere. Wir glauben an unsere rationale Sichtweise, weil wir unsere Gefühle, die wir ja als irrational einstufen, beiseiteschieben können. Gefühle sind uns zur Gefahr geworden und müssen ausgeschaltet werden. Ein Denken dagegen, das befreit ist von Mitgefühl, von der Fähigkeit, Schmerz zu teilen, Leid zu verstehen und Verbundenheit mit allen Lebewesen zu empfinden, wird als realistisch eingestuft. Wie kommt es zu dieser Paradoxie?

Was ist Wirklichkeit, wenn wir von Geburt an dazu angehalten werden, die Welt nicht so zu sehen, wie wir sie selbst erleben, sondern so, wie andere uns sagen, dass sie ist? Vor und unmittelbar nach der Geburt sind unsere Wahrnehmungen durch empathisches Erleben bestimmt und nicht durch kognitive Aufnahme geprägt. Die frühen empathischen Wahrnehmungen sind direkt und unmittelbar, unbeeinflusst von gesellschaftlichen Erwartungen und deswegen realitätsgetreu. Doch vom ersten Lebenstag an wird uns von anderen vermittelt, wie wir die Welt sehen sollen und dass unsere eigenen Wahrnehmungen keine Gültigkeit haben. Kognitive Wahrnehmungen, die auf den Erwartungen der uns bemutternden Menschen basieren, kommen deshalb nie ohne Verzerrungen zustande. Das gilt vor allem, wenn die Erwartungen nicht mit den Bedürfnissen des Kindes übereinstimmen, sondern den Bedürfnissen der Eltern entsprechen.

Wir leben in Kulturen, die von Wettbewerb und Unsicherheiten geprägt sind und die es Menschen schwer machen, einen Selbstwert zu entwickeln, der auf ein inneres Gefühl der eigenen Substanz baut, eine Substanz, die sich nur entwickeln kann, wenn Menschen Leid, Schmerz und Not akzeptieren und teilen können. Nur dann kann eine innere Kraft entstehen, aus der heraus Gleichmut trotz Unsicherheit, Sicherheit trotz Hilflosigkeit die Substanz eines Menschen prägen. In Kulturen, die Stärke mit Unverletzlichkeit verwechseln, ist eine solche Entwicklung kaum möglich, da Leid, Schmerz und Hilflosigkeit als Schwäche gebrandmarkt werden. Und so kommt es, dass man die eigenen Kinder dazu benötigt, ein Selbstbild von Kompetenz und Sicherheit ohne Zweifel aufrechtzuerhalten. In einer Kultur, in der das Versagen ständig lauert, geben Kinder den Eltern die Möglichkeit, einen fiktiven Selbstwert aufrechtzuerhalten. Sie sehen dann ihr Kind nicht so, wie es ist, sondern sie sehen das Kind nur in Bezug auf sie selbst. Bei aller Liebe und Hoffnung für ihr Kind erkennen sie nicht, wie das Kind an und für sich ist, sondern einzig, wie es sie in ihrer Elternrolle bestätigen kann. Das Kind wird Mittel zum Zweck, die Pose der Mutter und des Vaters als eine Autorität, bestimmend und sicher in ihrem Umgang mit dem Kind, aufrechtzuerhalten.

Was kann ein Kind tun, nachdem es Ohnmacht, Hilflosigkeit, Schmerz und Wut erlebt hat? Apathisch und erschöpft wird es sich nach einiger Zeit den Erwartungen der Eltern unterordnen. Aber in dieser Unterordnung kommt das zustande, was die Wirklichkeit untergräbt und so die Lösung der Frage um Krieg und Frieden auf rationale Weise unmöglich macht. Denn solange wir von früh auf gelernt haben, die Pose von Stärke und Sicherheit als Realität zu erleben, ist »realistisches« Verhalten nicht von Realität bestimmt, sondern von unserer Notwendigkeit, die Pose als Heilmittel gegen unsere Ängste und Unsicherheiten zu suchen.

Dadurch verändert sich unser Gefühlsleben. Gefühle erwachsen nicht mehr aus unseren eigenen empathisch gesteuerten Wahrnehmungen, sondern werden jetzt von dem Bedürfnis nach Unverletzlichkeit bestimmt, um so vermeintliche Bedrohungen zu umgehen. Diese Bedrohungen beruhen auf einem inneren Terror, der entsteht, wenn ein Kind keine Anerkennung für sein eigenes Selbst erhält. Anerkennung bekommt es nur, wenn es den Erwartungen der Eltern entspricht, wenn es den lebensnotwendigen emotionalen Kontakt mit ihnen aufrechterhalten kann. Und da die Eltern selber geformt wurden durch eine Kultur, die Leid und Schmerz als Schwäche verachtet, und ein Überleben auf der Notwendigkeit, andere zu übertrumpfen, basiert, wird Verletzlichkeit zu einer den Selbstwert herabsetzenden Be-

drohung. Um dieser auszuweichen, lernt man, seine Gefühle um den Aufbau von Macht herum zu organisieren
oder sich mit jenen, die Macht haben, zu identifizieren.
Das bedeutet, dass Gefühle nicht mehr von empathisch
gesteuerten Wahrnehmungen gesteuert werden, sondern von der Unterwerfung unter Konzepte, die der
Macht, dem Wettbewerb und der Notwendigkeit, andere
herabzusetzen, gewidmet sind. Realismus bedeutet dann
nur Sicherheit durch Macht, Machtpositionen und Verhandlungen, die diese sichern. Wenn dieser Mechanismus nicht mehr hält, bleiben nur noch Krieg und Gewalt als Lösung der Probleme.

Ein Selbst, das sich unter diesen Umständen entwickelt, kreist nicht um die Frage, *wer* man ist, sondern
was man ist. Das »Wer man ist?« hat mit einer ständigen
Konfrontation mit sich selbst zu tun, mit einer daraus
resultierenden Verantwortung für das eigene Tun, das
eigene Sein. Es hat mit dem Erkennen von eigenem und
dem Schmerz anderer zu tun, mit der Wahrnehmung
der eigenen Grenzen und der des anderen. Bei der Frage, *was* man ist, geht es dagegen nicht um das authenti-
sche Sein, sondern darum, wie man glaubt, *erscheinen*
zu müssen, um Status und Macht gegenüber anderen zu
behaupten. So verwandeln sich Menschen in Wesen,
die, wie Kierkegaard es prägnant formulierte, völlig im
Bann des Bedürfnisses nach Anerkennung von Leistun-
gen stehen. So fangen Menschen an, nicht ihr eigenes
Leben zu leben, sondern ein Leben, in dem es darum
geht, richtig zu erscheinen. Und richtig meint Anpassung an die gängigen Vorstellungen von Normalität.

In diesem Prozess beginnen Menschen, ihr eigenes Leben zu fälschen, indem sie Zuflucht suchen in abstrakten Ideen, die Leben mit gefälschten Grundlagen verbinden, da sie abgeschnitten sind von den uns eigenen empathischen Bedürfnissen, aber auch von der Scham und der Schuld, die aus solchen Dissoziationen entstehen. Dieser Vorgang fördert ein kognitives Denken, das abgeschnitten ist vom Empathischen. Hier liegen die Quellen der Mythen und der Symbolik, die uns vor Unsicherheit und Verletzlichkeit bewahren sollen. So wurden über die Jahrtausende Kampf, Krieg, Wettbewerb und das Anhäufen von Besitz und Reichtum zu den maßgeblichen »Realitäten« unserer Welt. So entwickelte sich auch die Verehrung des Heldentums und seiner Mythen – übermenschliche Kraft, Unempfindlichkeit gegen Schmerz, Unverletzlichkeit. Die Wirklichkeit wird auf diese Weise so transformiert, dass wir uns in unserem Menschsein oft nicht mehr erkennen können, außer als Abstraktionen, die diese Mythen als Symbole ihres Seins verinnerlicht haben.

Die menschliche Evolution ist nicht zu verstehen, wenn wir wie selbstverständlich davon ausgehen, dass Kampf und Konkurrenz die Entwicklung des Menschen vorangetrieben haben. Kropotkin wies schon im Jahre 1917 darauf hin, Stanley Diamond, Theodore C. Schneirla, Irven DeVore, Melvin J. Konner, der Anthropologe Ashley Montagu und vor Kurzem Sarah Blaffer Hrdy zeigten unter vielen anderen, dass Kooperation und Empathie die bestimmenden Faktoren unserer Evolution sind und dass das Überleben einer Spezies nicht auf dem Untergang einer anderen basiert. Diesem Missverständnis von Darwins Lehre vom »Survival of the Fittest« liegt eine falsche Interpretation zugrunde. In Darwins Konzept des Überlebens ist das »Geeignetste« nicht gleichgestellt mit dem »Besten«. Der am besten geeignete Organismus, einen atomaren Krieg zu überleben, ist die Küchenschabe. Sie würde unseren Planeten erben!

»Vom biologischen Standpunkt aus betrachtet ist Liebe ein entscheidendes Merkmal unserer Evolution«, schrieb Ashley Montagu. Und: »Wir können davon ausgehen, dass keine der frühen menschlichen Populationen überlebt hätte, wenn nicht Liebe und Kooperation eine entscheidende Rolle für ihren Zusammenhalt gespielt hätten.« Schneirla, der das Zuwendungs- und Vermeidensverhalten vieler Lebensarten untersuchte, das friedfertigem oder abwehrend-aggressivem Verhalten zugrunde liegt, zeigte, dass diese Mechanismen schon bei der Geburt existieren. Niedrige Stimulusintensitäten, wie sie von liebevollem mütterlichem Verhalten erzeugt werden, lösen Reaktionen der Annäherung aus; hohe Stimulusintensitäten, wie sie durch ablehnendes mütterliches Verhalten oder Bestrafen hervorgerufen werden, führen zu Muskelkontraktionen und aggressiver Verteidigung. Die beständige Einwirkung niedriger Stimulusintensitäten formt zudem das metabolische System eines Individuums und hat damit Einfluss auf dessen späteres Erregbarkeitsniveau. Dieses führt dann zu grundsätzlichen Eigenschaften wie der Bereitschaft zu aggressivem oder entgegenkommendem zwischenmenschlichem Verhalten.

Mit dem Aufkommen der sogenannten großen Zivilisationen entwickelten sich Strukturen der Eroberung und Unterwerfung. Wir müssen annehmen, dass dies immer da geschah, wo ein Mangel an liebevoller Fürsorge eine emotionale Grundlage für die Notwendigkeit, andere zu dominieren, schuf. Unter solchen Voraussetzungen entstanden Lebensbedingungen, die generell einen störenden Einfluss auf mütterliches Fürsorgeverhalten hatten und so für eine Trennung der werdenden Menschen von ihren empathischen Fähigkeiten sorgte. Damit wurde eine Entwicklung in Gang gesetzt, die den Gehorsam förderte. Er war das Instrument, mit dem sich die herausbildenden Strukturen der Herrschaft und des Besitzes absicherten, indem sie die Identifikation mit den Mächtigen zur seelischen »Rettung« aus dem Elend und der Machtlosigkeit der Unterdrückten machten. Diese Identifikation führt zu dem, was der finnische Psychoanalytiker Martti Olavi Siirala als »illusorischen Besitz der Realität« beschrieb. Diese ist charakteristisch für den angepassten Menschen und zeigt, wie oft Anpassung Gehorsam ausdrückt. Gehorsam gegenüber Autorität wurde so zum Ideal ganzer Gesellschaften. Wie tief dieser Mechanismus verankert wurde, zeigt die paradoxe Tatsache, dass Rebellionen, die im Namen der Freiheit ausgerufen wurden, selber in autoritären Machtverhältnissen endeten. Das Ergebnis dieser jahrtausendealten Entwicklung beschrieb Proust im 20. Jahrhundert als unmögliche Wirklichkeit: »Wie können wir den Mut haben in einer Welt zu überleben, wo die Liebe durch eine Lüge ausgelöst wird und nur aus dem Bedürfnis besteht, unser Leiden von denen lindern zu lassen, die es uns zugefügt haben?«

Proust erkannte etwas fundamental Bedeutsames, nämlich die Sehnsucht in unseren dem Gehorsam gewidmeten Kulturen, von denen erlöst zu werden, die uns zum Leiden brachten, verbunden mit der Unfähigkeit, diese als Täter zu erkennen. Die Entwicklung unter dem Diktat des Gehorsams fördert ein Bewusstsein, das geprägt ist von der Unfähigkeit, das eigene empathische Erleben wahrzunehmen, da dieses mit Angst und Furcht belegt ist. Selbst diese Angst darf nicht erkannt werden, da Angst und Unsicherheit als Zeichen von Schwäche gebrandmarkt sind. Obwohl die Angst uns antreibt, muss sie verleugnet und ins Unbewusste verdrängt werden. Hier offenbart sich der Teufelskreis unserer Entwicklung, die geprägt ist durch eine Kultur, die Eltern dazu bringt, die Lebendigkeit und Lebenslust ihrer Säuglinge als störend oder gar bedrohlich zu erfahren. Ein Kind wird dann bald voller Angst und Unbehagen sein. So lernt es früh, dass der Teil in ihm, der sein eigenes ursprüngliches Selbst ist, die Beziehung zu den Eltern gefährdet und deshalb schlecht ist. Das Eigene wird in diesem Prozess zum Fremden gemacht. Und es ist dieses eigene Fremde, das fortan bekämpft werden muss.

Die damit verbundenen Ängste verstärken sich in Momenten existenzieller Not – bei Arbeitslosigkeit, bei dem Verlust von Status und persönlicher Bedeutung, bei den Unsicherheiten einer auf Wettbewerb basierenden Gesellschaft, die Menschen demütigt und ausgrenzt. Die stets präsenten Ängste werden in wirtschaftlich guten Zeiten dadurch in Schach gehalten, dass Menschen sich als Teil der Gesellschaft erleben. Heutzutage fühlen Menschen sich in ihrer Identität gefestigt durch die Möglichkeiten des Konsums. Der Besitz von Dingen gibt ein Gefühl des Wohlbefindens und eine Art von Identität und Zugehörigkeit. Doch sobald Besitz und Konsum bedroht sind, bricht ein solches Identitätskonstrukt zusammen, und die stets lauernden Ängste brechen wieder hervor.

Leider führt die Jagd nach Besitz zu einem verstärkten Egoismus, der eine Hinwendung zu gemeinschaftlichen Werten unterbindet und auch zerstört. Sie führt zum moralischen Versagen, weil, wie der Dramatiker und Nobelpreisträger Eugene O'Neill in seiner Analyse der Verhältnisse der Vereinigten Staaten zu den von ihnen abhängigen Ländern treffend beschrieb: »Die Hauptidee ist das angehende Spiel, in dem man versucht, die eigene Seele zu besitzen, indem man etwas außerhalb der eigenen in Besitz nimmt, dadurch aber die eigene Seele wie auch das Eroberte verliert.« Was bleibt, sind der Hass und die Notwendigkeit, Feindbilder zu finden, gegen die sich der Hass entladen kann. Dieser Prozess wurde gefördert durch den Sieg des kapitalistischen Systems über den Kommunismus. Damit wurden leider auch die Ideen von Gleichheit und Fairness zwischen Menschen abgetan und als politische Möglichkeit verworfen. Es war schon immer so, dass reichen und finanziell erfolgreichen Menschen mehr

Glauben geschenkt wurde als armen. Das ist heute mehr denn je so. Zu Zeiten des Kalten Krieges wurden der Größenwahn der Ökonomie und die Verantwortungslosigkeit, die das Profitmotiv mit sich bringt, noch in Schach gehalten. Und so treibt uns eine finanzielle Elite, die von sich selbst besessen ist, in einen weltweiten Zustand, in dem die Kluft zwischen Arm und Reich immer größer wird. Wenn es den demokratischen Regierungen nicht gelingt, sich den Gefahren dieser Ungleichheit zu stellen, wird der stets präsente Hass immer mehr in Gewalt umschlagen. Und die, die sich selbst am meisten hassen, aber ihre Unterdrücker nicht erkennen dürfen, werden Lösungen suchen, die weit von der Realität entfernt sind.

Damit kommt der Moment für politische Führer, die Feindbilder heraufbeschwören, um diesen Hass zu legitimieren und für ihre eigenen Machtzwecke zu missbrauchen.

Den Feind, den wir suchen, um uns von dem inneren Hass zu befreien, finden wir dann in dem Fremden, dem anderen, der uns an uns selbst erinnert, weil er dem ähnlich ist, wie wir einst waren. Indem wir ihn bestrafen, können wir uns als aufrecht gehend empfinden und Angst und Furcht aus dem Bewusstsein verbannen. Und die Führer, die in ihrem Größenwahn Kriege und Eroberungen anstacheln, sind erfolgreich, weil unsere Gesellschaften Menschen hervorbringen, die sich versklaven lassen, um ihren eigenen Terror aus dem Bewusstsein zu verbannen. Der Dramatiker und Nobelpreisträger Eugene O'Neill lässt in seinem Stück *Trauer muss Elektra tragen* Orin, einen Soldaten im amerikanischen Bürgerkrieg, von seinem Töten auf dem Schlachtfeld erzählen: »Es war so, als würde man denselben Mann zweimal umbringen. Mich beschleicht das komische Gefühl, Krieg bedeutet, denselben Mann immer wieder zu töten, um am Ende festzustellen, dass ich selbst dieser Mann war.«

Unsere Entwicklung fördert nicht nur, dass Kinder sich ganz früh mit ihren Peinigern verbinden, sondern diese auch idealisieren. Herrschaftsstrukturen und soziale Normen von Eltern, Schule und Gesellschaft dringen so in die Psyche des heranwachsenden Menschen ein. Sie werden bestimmende Mechanismen und damit psychische Struktur. Als gesellschaftliche Repräsentation stehen sie gegen die eigenen Wahrnehmungen und Bedürfnisse des Kindes. Eltern missbrauchen ihr Kind, um ihren eigenen Selbstwert aufrechtzuerhalten. Die soziale Bindung des Kindes an die Eltern vollzieht sich unter solchen Bedingungen auf zwei Ebenen: Zum einen erfolgt eine Bindung an die realen Eltern, so, wie das Kind ihr Verhalten, ihre Empathie, ihre Bestrafung und ihre Dominanz tatsächlich erfahren hat. Auf einer zweiten Ebene kommt eine Bindung an ein idealisiertes Bild der Eltern zustande. Im Verlauf einer solchen Entwicklung muss ein Kind seine Wahrnehmung der Eltern auf das Bild, das diese von sich selbst haben, beschränken. Das Kind kann jedoch nicht gleichzeitig die tatsächliche Wahrnehmung seiner Eltern und das idealisierte Bild integrieren. Deshalb verschwindet das

Wissen um die wirkliche Natur der Eltern aus dem kindlichen Bewusstsein. Das Resultat ist eine Umkehr der Wirklichkeit.

Einer meiner Patienten, ein 50-jähriger Geologe, sprach über seinen Vater, der freiwillig in Hitlers Wehrmacht gedient hatte. Dieser Vater war nicht nur extrem autoritär, er schlug seinen Sohn auch bei der geringsten Verfehlung. Auch die Mutter war seiner Gewalt ausgesetzt. Sie kam aber ihrem Sohn nie zu Hilfe. Nur einmal, als er sehr klein war, intervenierte sie, weil sie dachte, der Vater würde den Jungen in seiner Wut erschlagen. Der Patient hatte schon früh die Entscheidung getroffen, keine Kinder zu bekommen. Immer wenn er ein Kind schreien hörte, wurde er wütend, weil er das Schreien als eine Forderung des Kindes an ihn erlebte. Er fürchtete, ein Kind in einer solchen Situation gegen die Wand zu schleudern. Natürlich wollte er das nicht. Dieser Mann wollte nicht weitergeben, was ihm angetan wurde. Trotzdem beeinflusste ihn die Identifikation mit seinem Vater auf einer unbewussten Ebene. Seine Reaktion auf ein weinendes Kind entsprach der des Vaters auf ihn, als er klein war. Seine Wut war die Wut des Vaters, dessen Hass er als eigenen verinnerlicht hatte. Auf diese Weise wurde sein eigenes Sein zu etwas Fremdem, das im Äußeren bestraft werden musste. Sein eigener erlebter Schmerz wurde zum Fremden in ihm, der dann auf Kinder projiziert wurde, die so schrien, wie er es einst getan hatte. Er bestrafte den verworfenen Teil in sich selbst in einem anderen.

Die Identifikation mit dem Selbstbild der Eltern wird so zur einzigen Wirklichkeit. Auf einer unbewussten Ebene wird das geheime Wissen um die Wahrheit der Eltern zum Kern einer ständigen Angst, die nicht ausgedrückt werden kann. Diese Angst und der innere Terror führen zum Hass auf das Eigene. Gegen diese Angst muss sich das Kind schützen, indem es auf der elterlichen Pose als einzige Realität beharrt. In diesem Vorgang liegt die Bedrohung für eine demokratische Gesellschaft: Wenn ein Kind auf die falsche Wirklichkeit der Pose geprägt ist, dann wird es auch im Erwachsenalter die Pose als die einzig gültige Realität ansehen. Eine Erlösung von seinen tief verborgenen Ängsten wird es von Führungspersonen erhoffen, die besonders überzeugend die Pose der Kraft, Entschiedenheit, Selbstgewissheit und Sicherheit darstellen. Ihre im Verborgenden lauernde Angst vor der Wahrheit entfacht nur Wut auf alle, die dieser Wahrheit Ausdruck verleihen. Die Pose bestimmt dann eine Wirklichkeit, die das Leben zerstört. Was rettet uns aus der Notlage, die eine Trennung von unseren eigenen Gefühlen mit sich bringt? »Paradoxerweise,« schreibt der Dalai Lama, »können wir uns selbst nur helfen, wenn wir dem anderen helfen. [...] Die Voraussetzung für das Überleben unserer Spezies sind Liebe und Mitgefühl, unsere Fähigkeit, anderen beizustehen und ihren Schmerz zu teilen [...] Leid zu verstehen [...] bedeutet, wirkliche Empathie zu haben [...] Das Gefühl der Verbundenheit mit allen Lebewesen kann nur erreicht werden, wenn wir erkennen, dass wir alle vereint und voneinander abhängig sind.«

Wir müssen deshalb die lebendige Interaktion zwischen Mutter und Kind als entscheidenden Faktor in der Evolution des Menschen miteinbeziehen und alles tun, um das Bindungsverhalten in seiner grundlegenden Rolle in der Entwicklung des menschlichen Bewusstseins zu unterstützen. Unsere frühen Vorfahren können nicht abgespalten von ihrem Erleben von Leid und Schmerz gewesen sein, so wie wir es heute zum großen Teil sind. Ich möchte an dieser Stelle noch einmal den Anthropologen Ashley Montagu zitieren: »Wenn wir [...] Liebe als Fürsorgeverhalten mit Überlebensvorteil definieren, dann ist Liebe ein entscheidendes Merkmal unserer Evolution.« Es ist unsere Aufgabe, diese Interaktion zu unterstützen. Nicht Profit, Eigenvorteil und Größe, sondern Empathie und Kooperation führen uns in eine Zivilisation, die menschlicher ist als die gegenwärtige.

LITERATURANGABEN

Dalai Lama: Der buddhistische Weg zum Glück. Fischer: Frankfurt 2004. Ancient Wisdom, Modern World. Time Warner: London 1999.

Devore, I.; Konner, M. J.: Infancy in Hunter-Gatherer Life: An Ethological Perspective. In: White, M.F. (ed.): Ethology and Psychiatry. Univertsity of Toronto Press: Toronto 1974.

Diamond, S.: Kritik der Zivilisation. Campus: Frankfurt 1976.

Gruen, Arno: Dem Leben entfremdet, Klett-Cotta: Stuttgart 2013.

Ders.: Der Gehorsam. In: Ethik und Sozialwissenschaften 1. 3, 2002, S. 441–450. Ders.: Der Fremde in uns. Klett-Cotta, Stuttgart 2000.

Ders.: Der Kampf um die Demokratie. Der Extremismus, die Gewalt und der Terror. Klett-Cotta: Stuttgart 2002.

Ders.: Der Verlust des Mitgefühls. dtv: München 1997. Ders.: Wider den Gehorsam, Klett-Cotta: Stuttgart 2014.

Ders.: Ich will eine Welt ohne Kriege, Klett-Cotta: Stuttgart 2006.

Ders.: The Role of Empathy and Mother-Child Attachment in Human History and The Development of Consciousness: The Neanderthal's Gestation, in: Jahrbuch für Psychohistorische Forschung 6, Mattes: Heidelberg 2005.

Hrdy, S. B.: Mothers and Others: The Evolutionary Origins of Mutual Understanding. Harvard University Press: Cambridge 2009.

Kierkegaard, S.: Concluding Unscientific Postcript to the Philosophical Fragment. Ed. Waler Lowrie, Princeton University Press, Princeton 1941.

Kropotkin, P. M.: Mutual Aid: A factor in Evolution. Knopf: New York 1917.

La Boétie, E.: Freiwillige Knechtschaft (1550). Klemm/Oelschläger 1991.

Milgram, S.: Obedience to Authority. Harper: New York 1974.

Montagu, A.: The Origin and Significance of Neonatal and Infant Maturity. Journal of the Am. Med. Association, 176, 1961.

O'Neill, E.: Trauer muss Elektra tragen. Fischer: Frankfurt 1997.

Proust, M. : À La Recherche Du Temps Perdu, Bd. V. »La Prisonnière«, Gallimard: Paris 1987.

Schneirla, T. C.: Problems in the biopsychology of social organizations. J. Abnorm. Soc. Psychology, 41, p. 385–422, 1946.

Schneirla, T. C.: An evolutionary and developmental theory of biphasic process underlying Approach and withdrawal. University of Nbebraska Symposium on Motivation, In: Aronson, L R. et al., Selected Writings of T.C. Schneirla, Freeman: San Francisco 1965.

Siirala, M.: From Transfer to Transference, Therapeia: Helsinki 1983.

MARKUS A. WEINGARDT

FRIEDEN DURCH RELIGION!?

Zeit für einen Paradigmenwechsel

Man mag gar nicht mehr hinsehen, hinhören: Ukraine, Syrien, Irak, Zentralafrika, Gaza, Südsudan, Myanmar, Pakistan, Nigeria – die Welt scheint überzogen von Kriegen, Zigtausende sterben, flüchten, leiden. Es ist mitunter schwer oder unmöglich, Täter und Opfer zu unterscheiden, Schuldige und Unschuldige zu trennen. Und daher ist es ebenso schwer, sich für »die Guten« einzusetzen, auch nur für sie zu sprechen. Wir sind betroffen – und wie gelähmt.

Ähnlich hilflos fällt vielen Regierungen nichts Besseres ein, als auf Gewalt mit Gewalt zu reagieren. Erst Drohung, dann Druck, dann Zwang, am Ende meist doch Gewalt – ein jahrtausendealter Mechanismus. Haben wir seit der Steinzeit denn gar nichts dazugelernt?

Wo sind die Stimmen des Friedens? »Kein Blut für Öl« brachte noch Massen auf die deutschen Straßen, »Kein Blut für das Coltan in unseren Mobiltelefonen« reißt hingegen niemanden vom Hocker oder vom gemütlichen Sofa. Und »Kein Blut für ein ethnisch ›gesäubertes‹ Birma« … Birma? Was geht mich Birma an?

Es sind vielfach kleinere Organisationen – wie die Gesellschaft für bedrohte Völker –, die nach Kräften versuchen, die Öffentlichkeit wachzurütteln, sie auf Konflikte aufmerksam zu machen, eben *bevor* das Kind in den Brunnen fällt und dann alle Welt nach Militärinterventionen ruft. Doch ihre Kräfte sind begrenzt, und viele stempeln solche Gruppen als »naive Gutmenschen« ab, stecken sie in die große Schublade zu den »blauäugigen Pazifisten« und den lang- oder grauhaarigen »Wutbürgern« – und knallen die Lade fest zu. Weg! Aus! Ruhe! Doch wo sind die Religionen, die Kirchen mit ihrem friedensethischen Anspruch? Wo ist ihre Stimme, ihr Wort, so klar und laut, dass es »die Welt nicht überhören kann« (C. F. von Weizsäcker)? Wo ist eine Ethik des Friedens und der Gewaltlosigkeit denn überhaupt noch zu finden, zu hören? Ist nicht eher das Gegenteil der Fall: dass nämlich religiöse Akteure vor allem als Brandstifter, mindestens aber als Brandbeschleuniger in Erscheinung treten?

Gandhis Geschwister

Es ist wahr, und wir bekommen es täglich von Presse, Funk und Fernsehen frei Haus geliefert: Religion kann eine gefährliche und zerstörerische Waffe bei der Austragung von Konflikten sein. Worüber nicht in den Medien berichtet wird, ist ein religiöses Friedenspotenzial. Man hört, sieht und liest nichts. Gibt es das vielleicht gar nicht? Obwohl sich doch alle Religionen ›eigentlich‹ für ganz friedlich halten!? Sind das bloße Lippenbekenntnisse, das Schalom, Salaam und ›Friede auf Erden‹? Aber wenn es dieses religiöse Friedenspotenzial überhaupt nicht gibt – welchen Sinn ergibt dann noch ein interreligiöser Dialog, wie er allenthalben gefordert und vielfach praktiziert wird? Andererseits: Wenn es das Friedenspotenzial doch geben sollte – wie sieht es dann aus? Wie wirkt es sich aus? In guter Nachbarschaft, oder indem man sich freundlich lächelnd aus dem Weg geht? Indem sich irgendwelche Religionsvertreter jährlich einmal vor wohlwollendem Publikum oder laufenden Kameras der gegenseitigen Toleranz und Friedensliebe versichern? Oder hat der religiöse Friedensanspruch auch politische Relevanz, konkret und praktisch, in innergesellschaftlichen wie internationalen Konflikten, in Kriegen und Bürgerkriegen?

Fragt man die Menschen ›auf der Straße‹, so fällt das Urteil – ob jung oder alt – eindeutig aus: Religionen stehen wahrlich nicht im Ruf, besondere Friedensstifter zu sein. Das verwundert nicht angesichts der Medienberichte, steht aber in krassem Widerspruch zu deren theologischem und ethischem Anspruch. Es steht auch in auffallendem Gegensatz dazu, dass die weltweit berühmtesten Friedensstifter – Mahatma Gandhi, Martin Luther King, der Dalai Lama – zwar hochpolitische Akteure waren bzw. sind, aber zugleich tief religiöse Persönlichkeiten. Und beides, Religion und Friedenspolitik, gehört(e) für sie zwingend zusammen.

Waren Gandhi und King vielleicht singuläre Erscheinungen, einzigartig in ihrem Einsatz für Frieden und Überwindung von Gewalt? Mitnichten. Man muss nur den Blick von den fetten Schlagzeilen abwenden, muss genauer hinschauen, den kleinen Meldungen nachgehen, muss ›investigativ‹ vorgehen, was doch eigentlich der Anspruch guter Journalisten sein will. Dann stellt man fest, dass es zahllose Geschwister von Gandhi und King gibt: Dezidiert religiöse Akteure, die in politischen Gewaltkonflikten signifikant und erfolgreich zur Deeskalation von Konflikten und zur Vermeidung von Gewalt beitrugen:

- *Im bürgerkriegsgeschüttelten Mosambik vermittelte die katholische Laienbewegung Sant' Egidio zusammen mit Bischof Gonçalves 1992 ein dauerhaft stabiles Friedensabkommen – eine Vermittlung im Zenit des Bürgerkrieges, in einer scheinbar hoffnungslosen Situation!*
- *Die Protestbewegung in der DDR hätte sich ohne die Hilfe und Mitwirkung der evangelischen Kirche kaum so entwickeln können, und die »friedliche Revolution« von 1989 wäre wohl nicht lange friedlich geblieben.*
- *Während des Genozids in Ruanda (1994), in dem christliche Hutus innerhalb von hundert Tagen eine Million christliche Tutsis und gemäßigte Hutus niedermetzelten, widersetzte sich nur eine Bevölkerungsgruppe der Gewalt: die ruandischen Moslems. Sie verweigerten sich der Gewalt und halfen Flüchtlingen – gleich, welcher Religion oder Ethnie –, um den Todesschwadronen zu entkommen, versteckten sie, versorgten sie mit Lebensmitteln, stellten sich schützend vor sie, oft um den Preis des eigenen Lebens.*
- *Nach jahrzehntelangen Scharmützeln verhinderte Papst Johannes Paul II. 1978 in buchstäblich letzter Sekunde einen blutigen Krieg zwischen Chile und Argentinien und arbeitete sechs Jahre lang am letztlich erfolgreichen Abschluss eines »Friedens- und Freundschaftsvertrags«.*

171

- *Nach der Schreckensherrschaft von Pol Pot und den Roten Khmer in Kambodscha, der zwei Millionen Menschen – rund ein Viertel der Bevölkerung – zum Opfer gefallen waren, begann der buddhistische Mönch Maha Ghosananda 1979 eine Friedens- und Versöhnungsbewegung, die sich zu einer wichtigen Kraft und unüberhörbaren Stimme in Politik und Gesellschaft entwickelt hat.*

- *Die vom protestantischen Pastor Frank Buchman initiierte »Moralische Aufrüstung« (heute »Initiativen der Veränderung«) leistete in vielen Konflikten informelle Vermittlungsarbeit und sogenannte diplomatische »Gute Dienste«. Ganz besonders trug sie maßgeblich zur Verständigung und Versöhnung zwischen den einstigen »Erbfeinden« Deutschland und Frankreich nach dem Zweiten Weltkrieg bei, die wiederum maßgeblich von Kirchenvertretern auf beiden Seiten vorangebracht wurde.*

- *Im britisch besetzten Indien zur Zeit Gandhis war es der Moslem Khan Abdul Ghaffar Khan, der in der Nordwest-Grenzprovinz eine streng islamische, doch ebenso streng gewaltlose und religiös tolerante Widerstandsbewegung aufbaute, die »Diener Gottes«. Ausgerechnet im Volk der Paschtunen, die für ihre Gewaltneigung berühmt und berüchtigt waren, entwickelte sich eine Opposition, die friedlich für ethnische Selbstbestimmung und ein einheitliches, multireligiöses Indien kämpfte. Es vollzog sich eine gesellschaftliche Transformation, die Gandhi staunend als »modernes Märchen« bezeichnete.*

- Die weitgehend gewaltlose Überwindung der Unter-
drückungsherrschaft des philippinischen Diktators Fer-
dinand Marcos war 1986 in erster Linie dem Engagement weiter Teile der katholischen Kirche zu verdan-
ken. Vor allem Ordensleute und Priester in den
Basisgemeinden überzeugten das Volk von einem gewaltlosen Vorgehen und legten den Grundstein für den
Erfolg der »Rosenkranz-Revolution«.

- Schon im indisch-pakistanischen Grenzkonflikt in
Kaschmir (1965/66) und im blutigen Bürgerkrieg in
der nigerianischen Provinz Biafra (1967–70) waren
Vertreter der Quäker vermittelnd aktiv und sind dies
bis heute in zahlreichen kriegerischen Auseinandersetzungen – jedoch ganz bewusst hinter den Kulissen, ab-
seits der medialen Aufmerksamkeit, in höchster Dis-
kretion.

- In Nicaragua, El Salvador, Guatemala und anderen la-
teinamerikanischen Staaten waren (besonders in den
80er- und 90er-Jahren) einzelne katholische Bischöfe,
aber auch der Ökumenische Rat der Kirchen (ÖRK)
und der Lutherische Weltbund in vielfältiger und entscheidender Weise an der Überwindung von Gewaltkonflikten beteiligt.

- In Bosnien-Herzegowina und im Kosovo, in Liberia
und in Sierra Leone trugen nationale Interreligious
Councils in herausragender Weise zur konstruktiven
und friedlichen Bearbeitung von politischen Konflikten
bei, initiiert zumeist von der World Conference on Religion and Peace – WCRP.

Dies sind nur wenige aus einer Vielzahl von Beispielen – von A wie Albanien über Birma, Kenia, Polen, Südafrika oder Uganda bis Z wie Zimbabwe –, in denen durch das Eingreifen religionsbasierter Akteure Konflikte eingedämmt wurden. Konflikte, in denen religiös motivierte Männer und Frauen Gewalt verhinderten oder verminderten, in denen sie zum Frieden und zur Versöhnung beitrugen. Natürlich waren sie nicht die einzigen Akteure und selten im Alleingang erfolgreich. Aber sie leisteten entscheidende, also unverzichtbare Beiträge zur Deeskalation, die sonst niemand zu leisten imstande oder willens war.

Es gibt keinen Weg zum Frieden. Frieden ist der Weg.
Frieden ist selbstverständlich mehr als die Abwesenheit von militärischer Gewalt, auch wenn in vielen Ländern dies der größte Wunsch und wichtigste Schritt ist, um den Weg zu einem menschlichen Leben in Würde (wieder) zu beschreiten. In Deutschland herrscht kein Krieg und kein Bürgerkrieg. Aber herrscht Frieden?

Frieden kann niemals herrschen, das widerspricht seinem Wesen. Frieden ist auch kein Zustand, der – einmal erreicht – für alle Zeit Bestand hätte. Frieden ist ein Prozess, ein Geschehen, eine immerwährende Herausforderung, eben: ein Weg, wie Gandhi sagte. Dieser Weg sieht in Deutschland anders aus als im Südsudan oder in Syrien. Doch auch hier sind die Religionsgemeinschaften aufgerufen, sich für gewaltlose Konfliktbearbeitung, Menschenwürde und Menschenrechte einzusetzen – und vielfach kommen sie diesem Ruf nach:

- *Die Malteser Migranten Medizin bietet medizinische Nothilfe für Menschen ohne Krankenversicherung. Meist fehlt den Betroffenen eine Aufenthaltserlaubnis, oft ist es aber auch Folge geschäftlichen Scheiterns. Doch verliert man dadurch sein »Recht auf Leben und körperliche Unversehrtheit«, wie es Artikel 2 des deutschen Grundgesetzes jedem Menschen bedingungslos zuschreibt?*

- *Über 50 Prozent (in früheren Jahren sogar über 90 Prozent) aller Flüchtlinge, die nach Deutschland kommen, werden sofort oder nach Prüfung ihres Asylantrags wieder abgeschoben. Meist drohen dann Leid und Elend, Haft oder Folter, die Konfrontation mit ihren Peinigern, die Wiederkehr alter Traumata, nicht selten auch der Tod. Letzte Hoffnung bietet dann mitunter ein Kirchenasyl, wenn sich eine Kirchengemeinde dazu bereitfindet. Dies ist mit erheblichem Aufwand verbunden, erreicht aber in der Regel die Neuprüfung eines Antrags, meist mit positivem Ergebnis für die betroffenen Flüchtlinge.*

- *In »national befreiten Zonen« (nicht nur) in Ostdeutschland und mitunter auf offener Straße sind Ausländer oder andersdenkende Einheimische nicht nur Anfeindungen durch Neonazis, sondern echten Gefahren für Leib und Leben ausgesetzt. Oft sind Kirchengemeinden hier die letzte Bastion gegen solche menschenverachtenden Haltungen und Handlungen.*

- *Doch Rassismus, Antisemitismus und Antiislamismus sind auch in der Mitte unserer Gesellschaft angekommen. Mit Friedensbildungsprogrammen wie ›Schritte*

gegen Tritte< und unzähligen Dialogprojekten versuchen Kirchen und andere Religionsgemeinschaften,
dem entgegenzuwirken: Durch Begegnung, Kennenlernen und Zusammenarbeit werden Vorurteile abgebaut
und ein friedliches Zusammenleben gestärkt.

• Nicht zuletzt spielen kirchliche Initiativen und Organi-
sationen noch immer eine wichtige Rolle in der deut-
schen Friedensbewegung, streiten für Information und
Aufklärung auf allen gesellschaftlichen und politischen
Ebenen, für Öffentlichkeit und mediale Wahrnehmung.
Mag die Friedensbewegung auch nicht mehr die Stärke
der 1980er-Jahre haben: Es wäre schlimm um unser
Land bestellt ohne diese beharrlichen Streiter für den
Frieden!

Auch dies sind nur wenige Beispiele aus der Vielzahl
und Vielfalt religiöser Friedensaktivitäten in Deutschland. Freilich muss Frieden und Friedensarbeit hierzulande anders buchstabiert werden als in Kriegsgebieten;
die Aufgabe wird dadurch aber nicht kleiner und nicht
weniger wichtig.

Frieden ohne Religion?

So sehr es zutrifft, dass in der Geschichte unendlich viel
Leid und Tod mit religiöser Begründung über die Menschen gebracht wurde und noch wird – so sehr stimmt
auch, dass mit religiöser Begründung zugleich unendlich viel Hilfe geleistet und Frieden gestiftet und Gewalt
verweigert wurde. Oder lindern die Religionen hier lediglich das Leid, das ohne sie gar nicht entstanden wäre?
Wäre die Welt vielleicht friedlicher ohne Religion, wie

viele Menschen meinen? Hätten wir ohne Religionen gar »eine Welt voller Demut vor der Heiligkeit des Lebens«, wie es der britische Erfolgsautor Ian McEwan erträumt?

Wohl kaum. Denn wer Konflikte anheizen und Kriege führen will, braucht keine Religion zu ihrer Begründung und Rechtfertigung. Es genügen durchaus auch säkulare Weltanschauungen, etwa Nationalismus und Faschismus, Ethnizismus, Imperialismus oder Kommunismus. All diese ›Ismen‹ haben einen Hang zu Exklusivität, zur Ab- und Ausgrenzung, von wo der Schritt zu Konfrontation und schließlich Aggression nur noch ein kleiner ist. Und in aufbrechenden Konflikten ist dieser Schritt umso kleiner, weil es infolge der ideologischen oder religiösen Aufladung nicht mehr nur um gegensätzliche Interessen, sondern um gegensätzliche Überzeugungen, Weltanschauungen, Werte, um meine Identität geht. Am Ende ist es nicht weniger als ein Kampf von ›Gut gegen Böse‹, in dem der ›heilige‹ Zweck dann auch alle Mittel heiligt. Für diese ideologische Aufladung und Konfliktverschärfung bieten sich Religionen tatsächlich sehr gut an und werden auch häufig in diesem Sinne missbraucht. Gäbe es aber keine Religionen, so stünden noch immer genügend säkulare Ideologien zur Auswahl. Im Ersten und Zweiten Weltkrieg bedurfte es auch keiner Religion, damit junge Deutsche mit Begeisterung in die Schlachten zogen; da wurde kurzerhand der Nationalismus bzw. Nationalsozialismus zur neuen Religion erhoben, und der »von der Vorsehung gesandte Führer« trat – im Dreiklang mit Volk und

Vaterland – an die Stelle Gottes. Und auch heute weist, entgegen einem verbreiteten Eindruck, nur ein kleiner Teil aktueller Gewaltkonflikte genuin religiöse Ursachen auf.

Frieden durch Religion!

Als Motivation zum Friedenshandeln und zur aktiven Gewaltlosigkeit stehen hingegen nur wenige Begründungszusammenhänge zur Auswahl: Im Wesentlichen sind das entweder ein säkularer, an universalen Menschenrechten orientierter Humanismus oder eben religiöse Überzeugungen, die die gewaltverneinenden Aspekte und Überlieferungen innerhalb einer Religion als Richtschnur des eigenen Handelns ansehen (beispielsweise die Gottebenbildlichkeit des Menschen, eine unantastbare und universale Menschenwürde oder die Friedensworte Jesu). Dabei haben säkulare und religiöse Friedensakteure jeweils spezifische Kompetenzen, die sich sehr gut ergänzen können. Leider werden religiös motivierte (potenzielle) Friedensakteure jedoch oft nicht wahrgenommen, ihre Friedenskompetenzen werden marginalisiert oder ignoriert.

Dies ist umso bedauerlicher, als sie über eine ganz besondere Stärke verfügen, die vielfach den Knackpunkt erfolgreicher Vermittlung darstellt und säkularen Akteuren häufig versagt bleibt: Religiöse Akteure genießen oftmals einen Vertrauensbonus, einen Vertrauensvorschuss bei den Konfliktparteien! Säkulare Kräfte – ob Politiker oder Nichtregierungsorganisationen – sind in der Regel erheblichem Misstrauen an ihren wahren, vielleicht versteckten Interessen ausgesetzt, vor allem wenn die Friedensakteure aus dem Ausland kommen oder von dort finanziert werden. Eine religiöse Motivation, Frieden zu stiften, weckt bei vielen hingegen grundsätzlich zunächst Vertrauen, denn:

a) Sie ist nachvollziehbar, da Friedenswirken und Gewaltverneinung in allen religiösen Traditionen überliefert ist.

b) Religiöse Akteure gelten vielfach als unabhängig, uneigennützig und fair; wobei dieses ›Vorurteil‹ freilich in der Praxis bestätigt werden muss, was aber auch vielfach geschieht.

c) Religiöse Akteure – vor allem, wenn sie in den Konfliktgebieten präsent sind – erweisen sich als geeigneter, weil sie mit den Konfliktbeteiligten in einer Weise verbunden sind, die ihnen ein tieferes ›emotionales‹ Konfliktverständnis ermöglicht.

d) Religiöse Akteure gelten als ungefährlich, da sie nicht mit (politischem, wirtschaftlichem oder gar militärischem) Druck und Zwang arbeiten, sondern alleine auf ihre Überzeugungskraft – durch Wort und Tat – angewiesen sind.

Diese Spezifika religiöser Akteure wecken Vertrauen – und sie öffnen Türen und (Ver-)Handlungsspielräume, die säkularen Akteuren oftmals verschlossen bleiben.

Zeit für einen Paradigmenwechsel

Der Vertrauensvorschuss für religiöse Akteure gilt über alle religiösen, kulturellen und ethnischen Grenzen hinweg, selbst wenn Konfliktparteien und Vermittler unterschiedlichen Religionen angehören. Zudem zeigen empirische Untersuchungen, dass keine Religion eher zu Gewalt (oder zu Friedfertigkeit) neigt als andere. Alle Religionen bergen die Gefahr, Konflikte zu verschärfen – und zugleich das Potenzial, Konflikte und Gewalt zu überwinden. Die große Bandbreite verschiedener Interpretationen von religiösen Schriften (oder Teilen daraus), Überlieferungen und Traditionen führte in allen Religionen zu einer Vielzahl und Vielfalt verschiedener Konfessionen, Strömungen, Gemeinschaften oder Gruppierungen. Diese Bandbreite an Auslegungen ermöglicht es aber zugleich, jedes Handeln – auch und gerade Gewalthandeln – religiös zu begründen und zu legitimieren. Entscheidend ist dafür weniger die Religion ›an sich‹ als vielmehr das Glaubensverständnis der Einzelnen. Im Blick auf Konflikte sind Religionen zunächst weder gut noch schlecht. Sie sind vielmehr wie die berühmte Medaille mit den zwei Seiten, einer konfliktverschärfenden und einer konfliktentschärfenden, friedenstiftenden Seite. Welche Seite der Medaille für uns maßgeblich ist – als Einzelne, als Gemeinden, als Religionsgemeinschaften –, das liegt bei uns: Beschäftigen wir uns vor allem mit den ab- und ausgrenzenden Aspekten von Religion, mit den angstvollen und gewaltgeneigten Anteilen in der religiösen Überlieferung – in unserer eigenen oder auch in einer anderen Religion! –, oder orientieren wir uns an den religiösen Friedensaufrufen, an der Gewaltverneinung in den Überlieferungen, an den Gemeinsamkeiten, den verbindenden Werten. Das meint Hans Küng, wenn er von einem globalen

Ethos, einem Weltethos spricht: keine Religionsvermi-
schung, keine neue Lehre, sondern eine schon heute be-
stehende Schnittmenge von ethischen Standards und
Werten, die allen Religionen – und selbst Atheisten –
gemeinsam ist, kurz gefasst in der sprichwörtlichen
»Goldenen Regel«: Was du nicht willst, das man dir tu,
das füg auch keinem anderen zu. Und positiv: Was du
willst, was dir die anderen tun sollen, das tue ihnen
ebenso. Das religiöse und kulturelle Umfeld, religiöse
bzw. ethische Bildung und Erziehung, auch religiöse
oder politische Vorbilder spielen dabei eine große Rolle,
in die eine oder eben in die andere Richtung. Darum ist
es von eminenter Bedeutung, dass Fragen des Friedens
– oder allgemeiner: Fragen eines gewaltlosen, konstruktiven Umgangs mit Konflikten – wieder zu einem zen-
tralen Thema der Bildungsarbeit werden: in Kindergär-
ten und Schulen, im Religions- und Ethikunterricht, in
der Aus- und Fortbildung von Geistlichen aller Religionsgemeinschaften, in Schul- und Sozialpädagogik, in
Jugendarbeit und Erwachsenenbildung, in Wirtschafts-
und Politikwissenschaft, und ganz besonders für Journalisten und Politiker. Dass vielen Politikern ebenso wie
der Bevölkerungsmehrheit, oft genug auch Religions-
vertretern, angesichts von Kriegen und anderen gewalt-
samen Konflikten nichts Besseres einfällt als Gegengewalt, liegt auch an ihrem eklatanten Unwissen über
Methoden, Möglichkeiten und Erfolge gewaltloser Konfliktbearbeitung.

Religiöse Akteure unterschiedlichster Art haben, wie
gezeigt, genug Erfahrung und Kompetenz, hier Moto-

ren eines Umdenkens zu sein. Darum sind sie in besonderer Weise aufgefordert, dies in ihren eigenen Gemeinschaften wie in Gesellschaft und Politik einzubringen – und zugleich einzufordern, ja, ihre Stimme zu erheben, dass es die Welt nicht überhören kann! Wir stehen erst am Anfang des Paradigmenwechsels von geistlos-destruktiver Gewalt zu ethisch-konstruktiver Gewaltvermeidung in Konflikten.

HENNING ZIEROCK

DEN FRIEDEN GEWINNEN
UND NICHT DEN KRIEG

Manifest des Friedens

Wir fordern statt 100 Milliarden Euro für Aufrüstung und Krieg – 100 Milliarden Euro für den Frieden! Das wäre eine Zeitenwende vom Krieg zum Frieden.

Wir fordern das Menschenrecht, in Frieden zu leben. Und den Umbau der Militärbasen zu Friedenszentren.

Aufgrund des sich weiter zuspitzenden Krieges in der Ukraine ruft die Gesellschaft Kultur des Friedens (GKF) zu weiteren Aktionen und Kundgebungen auf. »Stoppt den Krieg in der Ukraine – keine Ausweitung des Krieges« und keine weitere Aufrüstung und Kriegsvorbereitungen.

Der Ruf nach einer Flugverbotszone wird immer lauter und könnte zu einer direkten militärischen Konfrontation zwischen Russland und den NATO-Staaten führen, mit unabsehbaren Folgen eines Flächenbrandes. Einen atomaren Schlagabtausch gilt es von Anfang an zu verhindern. Die unter dem Krieg leidenden Menschen in der Ukraine würden noch mehr leiden, und der Preis des Krieges würde immer höher getrieben. Die Atomwaffeneinsätze in Hiroshima und Nagasaki sind eine Mahnung für die Menschheit.

Viele Freiwillige melden sich jetzt zum Kriegseinsatz in der Ukraine.

Wann ziehen wir in den Frieden? Deeskalation und Vermittlung sind jetzt das Gebot der Stunde, weiteres Blutvergießen muss verhindert werden.

Wir fordern einen Waffenstillstand und Verhandlungen, die allen Menschen Sicherheit und Frieden in der Region bringen. Und die Aufnahme aller Kriegsflüchtlinge.

Wir fordern das »Menschenrecht auf Frieden«, das in den Statuten der UN-Charta zu verankern ist: »Alle, die Kriege propagieren, finanzieren, organisieren und durchführen – müssen zur Verantwortung gezogen werden.« Die Ressourcen müssen in das Leben der Menschen und das Zusammenleben der Völker investiert werden. Wir brauchen eine Logik des Friedens.

Einen Gegenentwurf zu einer Welt des Krieges, der militärischen Aufrüstung, der Armut, Hunger, Krankheit, Zerstörung der Natur und der menschlichen Persönlichkeit: die Entwicklung einer »Kultur des Friedens«.

Initiiert von *Henning Zierock,* Vorsitzender der Gesellschaft Kultur des Friedens, März 2022

Der Aufruf wurde unter anderen unterschrieben von Margot Käßmann, Konstantin Wecker, Franz Alt und Jürgen Grässlin.

ROLF WISCHNATH · MATTHIAS KRECK

WAS WÜRDE JESUS DAZU SAGEN?

Wenn Christen von Jesus sprechen, dann meinen sie damit den Gekreuzigten und Auferstandenen. Er steht im Zentrum ihres Glaubens. Seine Botschaft ist für sie von größter Bedeutung. Und damit wird die Frage »Was würde Jesus dazu sagen?« angesichts des Krieges in der Ukraine einmal mehr unausweichlich. Als die Häscher Jesus gefangen nehmen und einer seiner Wegbegleiter ihn mit dem Schwert verteidigt, entgegnet er ihm: »Stecke dein Schwert an seinen Ort. Denn wer das Schwert nimmt, der soll durch das Schwert umkommen.« Ein Mensch, der wie kein anderer unschuldig war, wird zum Opfer von Gewalt und verbietet die Gegenwehr.

Er folgt damit der Leitlinie, die sich wie ein roter Faden durch sein Dasein zieht: »Wer sein Leben erhalten will, der wird's verlieren; wer aber sein Leben verliert um meinetwillen, der wird's finden.« Und er sagt: »Leistet dem, der euch etwas Böses antut, keinen Widerstand, sondern wenn dich einer auf die rechte Wange schlägt, dann halte ihm auch die andere hin.« Und darüber hinaus heißt es: »Liebt eure Feinde und tut denen Gutes, die euch hassen«, »Segnet, die euch verfluchen«.

Eindeutiger kann man sich zur Frage, was Jesus dem sagt, der seine Ziele mit Waffengewalt durchsetzen oder sich mit Waffengewalt wehren will, nicht äußern:

Der Mann aus Nazareth verbietet Gewalt. Aber bezieht sich das auch auf Gegengewalt? Ja. Wer das fordert, muss sich fragen lassen, ob er es zu Ende gedacht hat, ob er die Abschaffung des Widerstandsrechtes fordert und ob ihm die Konsequenzen klar sind. Jesus sind die Konsequenzen klar. Es sind die Konsequenzen, die er für sich selber erwartet und am Kreuz erfährt. Darum kann er von sich und seinen Nachfolgern fordern: »Wer mir nachfolgen will, der verleugne sich selbst und nehme sein Kreuz auf sich und folge mir nach.« Hier wird nichts abgemildert:

Wenn Jesus Christus vom Kreuz redet, dann ist es das Kreuz, das er selber tragen musste und an dem er getötet wurde. Es ist das Äußerste, was ein Mensch zu ertragen bereit sein soll.

Aber das ist nicht das Einzige, was Jesus zu den Konsequenzen sagt. Er verbindet es mit einer Verheißung. In den Seligpreisungen sagt er denen, die Frieden stiften, »dass sie Gottes Kinder heißen werden«. Und denen, »die da Leid tragen« – und Leid wird denen, die sich nicht mit Gewalt wehren, drohen –, sagt er: »Denn sie sollen getröstet werden«. Zusammengefasst ist das der wahre Frieden.

Wie könnte im Ukrainekrieg wahrer Frieden aussehen, wenn die Menschen hüben und drüben diesen Maximen gefolgt wären und dem Gekreuzigten auch jetzt noch folgten? Die Antwort hat zwei Seiten, eine überprüfbare und eine, die auf Hoffnung baut. Die überprüfbare wäre: Es wäre unendliches Leid vermieden worden. Denn was ist die Bilanz des nun bereits über viele Wochen andauernden Krieges?

- *Der Waffengang in der Ukraine hat schon jetzt Tausende Menschenopfer gekostet.*
- *Gefangennahmen und Versklavungen und Vergewaltigungen finden statt.*
- *Zerstörungen unvorstellbaren Ausmaßes geschehen.*
- *Flüchtlingsströme von Ost nach West.*
- *Ein Einsatz von Atomwaffen droht. Er ist sogar in der Logik des Abschreckungssystems wahrscheinlich, wenn der Unterlegene im Krieg seine letzte Karte ausspielt. Die Zerstörung des Klimas wird dabei in Kauf genommen (UNO-Konferenz Oslo 2013).*
- *Unbeschreibliche Hungersnöte entstehen besonders in den Ländern des Südens, die bislang aus der Kornkammer Ukraine ernährt worden sind. Sie sind schon eingetreten – zusätzlich zu den unzähligen Hungersnöten, die aus unserem Gesichtskreis entschwunden sind.*
- *Auch die Sanktionen gegen Russland sind Kriegsmittel. Sie werden eine unvorstellbare Armut zur Folge haben – nicht für Putin, seine politischen Speichellecker oder die sogenannten Oligarchen, sondern für die sogenannten kleinen Leute in der Weite Russlands, die schon jetzt nicht Brot und Wasser genug zum Leben haben.*
- *Und: Aufrüstung, Aufrüstung, Aufrüstung.*
- *Und: Hass, Hass, Hass.*

Der Krieg in der Ukraine ist schon jetzt grenzenlos geworden. Und die Kämpfe können noch Jahre dauern – vor allem in den Seelen der Menschen.

Aber was wäre bei der Alternative geworden? Wir wissen es nicht. Aber wenn Jesus Frieden verheißt, dann hat dieser Frieden zwei Seiten: nämlich die des Friedens Gottes, der höher ist als alle Vernunft und der sich einmal ganz auf Erden wie im Himmel durchsetzen wird. Und die andere Seite ist ein hier und jetzt zu achtendes Postulat, das keinen Menschen aufgibt, die Opfer nicht und noch nicht einmal den Gewaltherrscher im Kreml und erst recht nicht die mit einem Panzer ausgerüsteten und missbrauchten russischen Soldaten. Einige von ihnen waren nicht bereit, die sich ihnen entgegenstellenden Wehrlosen zu überfahren. Dies mag nur eine Geste gewesen sein. Aber möglicherweise war sie auch die Folge einer Feindesliebe, die diese Soldaten zumindest hat dazu bewegen können, nicht zu schießen.

Viel »Menschenvernunft« spricht gegen das Gebot der Feindesliebe. Was alles wäre auf die Menschen in der Ukraine zugekommen, wenn das Land sich mit den Mitteln der Gewaltlosigkeit verteidigt hätte? Und welch ein Aufschrei wäre erfolgt, wenn die christlichen Kirchen das in der Nachfolge Jesu Notwendige gesagt hätten.

Aber wäre denn die Nachfolge Jesu ein höherer Preis gewesen als das alles zerstörende Elend, das nun das Land überzieht? Und sollten Christen nicht auf die höhere Vernunft, auf die Gottes vertrauen und auf die Kraft, die Paulus verheißt: »Das Wort vom Kreuz ist eine Torheit denen, die verloren werden; uns aber, die wir selig werden, ist's eine Gotteskraft«?

»Wir Pazifisten können nicht einfach behaupten, wir hätten für alle Probleme die gewaltfreie Lösung, aber es gibt hinlängliche Gründe, sie zu suchen, ihnen nachzugehen und auf dem Wege der gewaltfreien Aktion die passenden Lösungen zu finden.« (Theodor Ebert)

ERST DIE LIEBE ZUM FEIND
SCHAFFT FRIEDEN

Die Bergpredigt gilt bei vielen als Beispiel unerreichbar hoher Moral, und es heißt, man könne mit ihr die Welt nicht regieren. Gut möglich, dass »man« es nicht kann. Aber wir, die nach Jesus Christus heißen, könnten vielleicht erkennen, dass es nicht um Moral geht, wenn Jesus sagt: »Liebt eure Feinde! Betet für eure Verfolger! So werdet ihr Töchter und Söhne sein eures Vaters im Himmel«, denn er meint eine Befreiung – die Befreiung vom Zwang, wie selbstverständlich dem Feindlichen feindlich und der Gewalt gewaltsam zu begegnen.

Liebe zum Feind und Gewaltlosigkeit, wie Jesus sie fordert, bedeuten: Schau dir deinen Gegner gut an. Er ist niemals das Böse schlechthin, du musst unterscheiden lernen: Vor dir steht ein Täter, der Unrecht begeht, das ist das eine. Vor dir steht aber auch ein Mensch, das ist das andere, und das verbindet euch trotz aller Feindschaft. Wenn sich das Bild, das du von ihm hast, auf das des Täters beschränkt, vergibst du die Chance auf eine versöhnliche Lösung. Jesus sagt darum: »Liebt eure Feinde! Weitet euren Blick für sie und nehmt sie wieder als Menschen wahr. Versucht zu verstehen, warum sie so bedrohlich denken und handeln, und welchen Anteil womöglich ihr selbst daran habt.« Es ist eine Frage der

Weisheit, den Feind so zu achten, dass man ihn versteht und dieses Verstehen einbringen kann in die Begegnung mit ihm, denn das ist der einzige Weg zum Frieden. Wir können die eine Welt mit ihren vielen einander fremden Staaten, Völkern und Gruppen nur im Frieden bewohnen, wenn wir unser Bild nicht einschränken auf das Unrecht, das manche von ihnen in unseren Augen begehen. Wir müssen sie im eigenen Denken und im Dialog mit ihnen herauslösen aus dem Bild des Feindes, und wirkten sie noch so erschreckend auf uns.

Den Feind lieben

Den Feind lieben heißt gewiss nicht, sich anbiedern oder unterwerfen, es heißt gewiss nicht, Grausamkeit hinnehmen, ohne sich zu wehren und den Verfolgten zur Seite zu stehen. Aber es heißt sehen, dass auch unsere Feinde Menschen sind wie wir: fehlerhaft, verängstigt, irrend, gebunden an Interessen und Vorurteile. Den Feind lieben – das kann, vor allem wenn es nur mit halbem Herzen geschieht, auch misslingen. Aber Befriedung und Versöhnung sind erst zu erreichen, wenn wir bereit sind, dieses Risiko einzugehen.

Den Feind lieben – das heißt, sich von Unrecht oder Bedrohung nicht blenden lassen: nicht in Panik geraten, nicht die erstbeste gewaltsame Antwort für die letztmögliche halten und sich nicht in Ideologien retten, die den eigenen Standpunkt zum einzig erlaubten erklären.

Den Feind lieben – das heißt in den Spiegel sehen: die eigene Antwort immer vergleichen mit dem Angriff des Feindes und darauf achten, nicht ungewollt ähnlich zu handeln wie er. Den Feind lieben – das heißt unterscheiden zwischen dem Unrecht und dem Menschen, der es begeht: das Unrecht bekämpfen und zugleich versuchen, den Täter womöglich zum Freund zu gewinnen. Den Feind lieben – das heißt hinausdenken über die Feindschaft: davon ausgehen, dass Menschen sich ändern können, Feindschaften beigelegt und Konflikte versöhnlich beendet werden können.

Des anderen Last tragen

Die allererste Bedingung für die Liebe zum Feind ist, seine Existenz nicht mehr infrage zu stellen: nicht mehr zu glauben, die Welt sei in Ordnung zu bringen, indem man ihn und seinesgleichen verjagt oder beseitigt. Dieser Glaube ist noch immer sehr verbreitet – im Großen wie im Kleinen – und hört sich zum Beispiel so an:

Die Gottlosen sollten verschwinden, denn ohne sie wäre die Welt ein Garten Gottes. Die Christen vertraten durch lange Jahrhunderte diese Auffassung, und viel zu oft handelten sie danach.

Heute heißt dieser Satz immer öfter: Wenn es bei uns den Islam nicht gäbe oder wenigstens keine Islamisten, könnten wir in einem »christlichen Abendland« sicher und friedlich leben.

Oder er heißt, vielleicht sogar mit guten Gründen: Wenn es die Banken nicht gäbe, die Finanzmärkte und Heuschrecken der Globalisierung, dann könnte es gerechter zugehen in dieser Welt.

Und im Kleinen heißt dieser Glaube: Wenn es meine zänkischen Nachbarn nicht gäbe, die egoistischen Kollegen und die undankbaren Verwandten, könnte ich irgendwann vollkommen glücklich sein.

Nimmt man zusammen, wer von wem wünscht, es möge ihn nicht geben, dann bleibt am Ende wohl niemand mehr übrig. Wenn aber Frieden entstehen soll, müssen wir zuerst die Existenzberechtigung auch all der vielen Menschen anerkennen, von denen wir aus allen möglichen Gründen wünschten, es gäbe sie nicht.

Paulus nennt dies »das Gesetz des Christus« anwenden: »Einer trage des anderen Last – das heißt seine Dummheit, Gemeinheit, Müdigkeit, seine Vorurteile und Rechthaberei, auch seine Ablehnung –, so werdet ihr das Gesetz des Christus erfüllen.«

Praktisch bedeutet es zum Beispiel dies: Der eine bedenke die Angst des anderen und versuche zu ergründen, was er selbst beiträgt zu ihrer Entstehung.

Der eine ertrage die Ablehnung durch den anderen und versuche, ihm in Güte das Verbindende aufzuzeigen. Der eine erkenne die Vorurteile im Denken des anderen und versuche, ihm durch das eigene Vorbild die Augen zu öffnen.

Der eine anerkenne den Irrweg, auf dem sich der andere befindet, und suche mit ihm zusammen den richtigen Weg. Der eine verstehe den Wunsch des anderen, die eigene Wahrheit des Glaubens allgemein durchzusetzen, und mühe sich ehrlich, ihm diesen gefährlichen Wunsch auszureden. Der eine nehme die Schwierigkeiten des anderen ernst, gewohnte Ansichten und gelerntes Verhalten zu ändern, und übe sich in Geduld.

Der eine bedenke, worunter der andere leidet, schließe ihn nicht aus und laufe nicht vor ihm weg, sondern schließe ihn ein und halte bei ihm aus.

Der eine begreife die Last, die der andere sich selbst ist, und vergrößere sie nicht durch die Last der Verachtung.

Der eine sehe die Schuld, die der andere trägt, und verurteile ihn nicht, sondern trage und heile mit ihm gemeinsam die Folgen.

Wird die Existenz des anderen nicht mehr infrage gestellt, eignet er sich nicht mehr als Feindbild, sondern wird zu einer Aufgabe, der man sich als Christ nicht entziehen kann. Man darf sich freilich nicht wundern, wenn man dann von keiner Seite Beifall bekommt. Wer Frieden stiften will, muss bereit sein, das eine oder andere der vielen Feindbilder selbst mit zu ertragen, ohne die offenbar bis heute kaum jemand auskommen kann. Feindesliebe bedeutet dann, gerade denjenigen Menschen mit Achtung zu begegnen, zu deren Feindbild man selbst dabei wurde.

Solange das Tragen der fremden Last und die Liebe zum Feind als Utopien von Träumern gelten, darf niemand sich wundern, wenn all unsere Verhandlungen, Friedens- und Abrüstungskonferenzen bisher kaum etwas bewirken gegen die wachsende Feindseligkeit und die Aufrüstung in allen möglichen Konflikten. Denn selbst wenn der Einsatz von Waffen und von Gewalt manchmal unausweichlich erscheint zur Abwehr einer konkreten Gefahr – am Ende führt erst die wohlwollende Zuwendung zum Gegner, von der Jesus in seiner Bergpredigt spricht, uns näher zum Frieden auf Erden.

ANTIKRIEGSMANIFEST

3. März 2022

Es sind schreckliche und erschütternde Zeiten: Als Antimilitarist und Pazifist bin ich fest davon überzeugt, dass nur eine internationale Friedens- und Antikriegsbewegung diesen verbrecherischen Angriffskrieg von Putins Machtapparat gegen die Menschen in der Ukraine stoppen kann und wird. Dafür müssen wir aufstehen und auf die Straßen und Plätze dieser Welt ziehen, auch um die Gefahr eines noch viel größeren Krieges zu verhindern!

Meine Gefühle und Gedanken und meine ganze Empathie und meine Solidarität sind bei den Menschen, die in der Ukraine verletzt und getötet werden: Stündlich müssen mehr Menschen um ihr Leben fürchten. Es sind immer die Menschen, die Natur und die Tiere, die unter den Kriegen am meisten leiden.

Ich bin verzweifelt, und doch sage ich euch: Hoffnung machen mir die mutigen Menschen in Russland und weltweit: Es werden aktuell immer mehr Menschen in Russland, die unter den schwierigsten Bedingungen gegen alle Repressionen eine Antikriegsbewegung aufbauen. Auch ihnen gehört unsere volle Unterstützung und Solidarität. Hoffnung machen mir auch alle mutigen

Menschen in der Ukraine und weltweit, die sich nicht von autoritären Herrschern unterwerfen lassen wollen. Deshalb: Grenzen auf für alle Kriegsflüchtlinge aus der Ukraine, aber bitte wirklich für alle Menschen: auch für die schwarzen Student*innen, die dort seit teils vielen Jahren leben und studieren. Aber natürlich auch Grenzen auf für alle Menschen aus Syrien, Kurdistan, Afghanistan, Irak, Jemen oder der Türkei, die unter anderem auch vor deutschen Bomben und Waffen und vor den Bomben des großrussischen Putin-Imperiums oder des NATO-Imperiums aus ihren Ländern fliehen.

Lasst uns unsere Friedensfreund*innen in Russland unterstützen: Es braucht dort eine Massenmobilisierung gegen den Aggressionskrieg, eine Aufforderung an alle russischen Soldat*innen, sofort den Befehl zu verweigern und zu desertieren. Nur eine Revolte unter den russischen Soldat*innen kann diesen Krieg sofort stoppen! Und die Älteren unter uns werden sich erinnern: So war es auch in Vietnam – der Anfang vom Ende des US-Angriffskrieges damals waren die massenhafte Desertion und die Revolten der einfachen US-Soldat*innen gegen ihre Offiziere und Generäle.

Wir brauchen sofort eine blockübergreifende und internationale Friedens- und Antikriegsbewegung: Und wir brauchen wieder eine Vision eines friedlichen europäischen Hauses, wie es unter anderen Gorbatschow für eine Friedensordnung nach dem Kalten Krieg vorgeschlagen hatte.

Und ich sage: Die Ampel ist auf dem Holzweg: 100 Milliarden Euro für ihre Aufrüstung werden keinen Frieden schaffen, sondern lediglich die Aktienkurse der Waffenindustrie in die Höhe treiben und den Klimawandel weiter anheizen.

Stattdessen würden 100 Milliarden Euro für ein gesamteuropäisches Sofortprogramm für einen sofortigen Energiewandel mit erneuerbaren Energien das Weltklima schützen und zugleich die Energiepläne von »lupenreinen Demokraten« wie Putin ins Leere laufen lassen.

Gerade in den finstersten Stunden dieses Angriffskrieges bleibe ich dabei: Wir dürfen uns nicht dumm machen lassen von der Macht und unserer aktuellen Ohnmacht: Wir müssen die Herzen von Millionen Menschen erreichen, damit die russischen Soldat*innen desertieren und sie das Morden der mutigen Menschen in der Ukraine stoppen.

Deshalb begleitet mich heute auf meiner Reise nach Utopia: Ich werde weiter für eine herrschaftsfreie Welt kämpfen, denn nur eine sozial gerechte Welt solidarischer Menschen wird uns von Kriegen, Klimawandel, Rassismus, Patriarchat und Kapitalismus befreien.

Eine weltweite Bewegung von unten ist viel realistischer als die tödliche und zerstörerische Machtpolitik der Militärblöcke: Denn nur eine solche Bewegung kann das jahrtausendealte Patriarchat stoppen, das sich vor allem auch durch Kriege und militärischen Gehorsam immer wieder aufs Neue an der Macht hält.

In diesem Sinne: Solidarität und Zärtlichkeit zwischen den Menschen gegen alle Grenzen, gegen alle Kriege, gegen alle Imperien!

AUTORENREGISTER MIT QUELLENNACHWEISEN

Franz von Assisi (1181–1226) war der Begründer des Ordens der Minderen Brüder (Franziskaner) und wird in der römisch-katholischen Kirche als Heiliger verehrt.
S. 59: »Friedensgebet«

Ingeborg Bachmann (1926–1973) war eine in Österreich geborene Lyrikerin und Erzählerin.
S. 75: »Alle Tage«, aus: Ingeborg Bachmann. Werke, Bd. 1. Gedichte
© 1978 Piper Verlag GmbH, München.

Michael Backmund lebt und arbeitet als Journalist, Filmemacher und Autor in München. Er wurde 1966 geboren und ist seit seiner Schulzeit in der Antikriegsbewegung aktiv.
S. 195: »Antikriegsmanifest«; gemeinsam mit Konstantin Wecker

Uwe Birnstein, geboren 1962, ist ev. Diplom-Theologe und arbeitet seit 1989 als freier Journalist für viele Medien. Er ist Verfasser mehrerer Bücher und Hörbücher.
S. 11: Interview mit Margot Käßmann und Konstantin Wecker

Wolfgang Borchert (1921–1947) war ein Dichter der Generation des Zweiten Weltkriegs. Der als Soldat in Russland verwundete und später wegen Defätismus verurteilte Autor wandte sich nach dem Krieg dem Kabarett und Theater zu.
S. 70: »Dann gibt es nur eins!«, aus: Wolfgang Borchert. Das Gesamtwerk, hg. von Michael Töteberg unter Mitarbeit von Irmgard Schindler
© Rowohlt Verlag GmbH, Reinbeck bei Hamburg.

Matthias Claudius (1740–1815) war ein deutscher Dichter und Publizist, der einen schlichten, volkstümlichen Ton pflegte, sehr im Gegensatz zu den literarischen Strömungen seiner Zeit.
S. 60: »Kriegslied«

Dr. Eugen Drewermann, geboren 1940, ist ein deutscher Theologe, Psychoanalytiker und Schriftsteller. Seit dem Entzug seiner Lehrerlaubnis und Suspension vom Priesteramt arbeitet er als Therapeut und Schriftsteller.

S. 133: Das Interview mit Eugen Drewermann, geführt von Stefan Seidel am 7. März 2022, erschien bei »Der Sonntag – Wochenzeitung für die Ev.-Luth. Landeskirche Sachsens«.

Claire Goll (1891–1977) war eine deutsch-französische Schriftstellerin und Journalistin und die Ehefrau des Dichters Yvan Goll.

S. 67: »Der neue Tod«, aus: Mitwelt, Berlin-Wilmersdorf: Die Action 1918.

Arno Gruen (1923–2015), in Berlin geboren, emigrierte 1936 in die USA, wo er 1961 als Psychoanalytiker bei Theodor Reik promovierte. Er war als Professor und Therapeut an verschiedenen Universitäten, Kliniken und in seiner Praxis tätig, bis er 1979 in die Schweiz übersiedelte. Für seine Arbeiten über den Verlust des Selbst, den Wahnsinn der Normalität und den Verlust des Mitgefühls, wie auch die Entstehung von Gewalt und Terror erhielt er den Geschwister-Scholl-Preis der Stadt München im Jahr 2001.

S. 153: »Wie Frieden?« – der Textbeitrag basiert auf einem Vortrag anlässlich der Verleihung des »Loviisa Peace Prize 2010« an den Autor am 7. August 2010 in Finnland. © Simone Gruen-Müller

Prof. Dr. Dr. Margot Käßmann, geboren 1958, war von 1999 bis 2010 Landesbischöfin der Ev. Kirche in Hannover, Ehrendoktorwürde 2002, 2002 bis 2011 Präsidentin der Zentrale für Recht und Schutz der Kriegsdienstverweigerer, 2009 bis 2010 Ratsvorsitzende der EKD; ehemalige Botschafterin des Rates der EKD für das Reformationsjubiläum 2017, Bestsellerautorin.

S. 96: »Plädoyer für eine Prima Ratio« – dieser Textbeitrag basiert auf folgenden Texten Margot Käßmanns: Religion als Faktor der Konfliktentschärfung. Rede zum *Dies academicus,* Ruhr-Universität Bochum, gehalten am 26. Oktober 2011; Gewalt überwinden: Eine Dekade des Ökumenischen Rates der Kirchen, Hannover 2001; Fantasie für den Frieden, oder: Selig sind, die Frieden stiften [Auszüge], Frankfurt/Main 2010 (edition chrismon).

Erich Kästner (1899–1974) war ein deutscher Dichter, Journalist, Kabarett- und Drehbuchautor. Nach der Teilnahme am Ersten Weltkrieg studierte er Germanistik. 1933 wurden seine Bücher verboten und verbrannt. Er erhielt Schreibverbot. Nach 1945 veröffentlichte er weiter.
S. 68: »Fantasie von übermorgen«, aus: Lärm im Spiegel, © Atrium Verlag Zürich 1929 und Thomas Kästner.

Konfuzius (551–479 v. Chr.) war der Begründer der chinesischen Staatsphilosophie.
S. 58: »Epitaph auf einen Krieger« – Übersetzung von Klabund, aus: Chinesische Gedichte. Wien: Phaidon 1954.

Prof. Dr. Dr. h.c. Matthias Kreck, geb. 1947, ist em. Mathematikprofessor an der Universität Bonn und Seniorprofessor an der Universität Frankfurt
S. 185: »Was würde Jesus dazu sagen?« erschien am 10. April 2022 bei www.zeitzeichen.net; die in diesem Buch abgedruckte Fassung wurde von den Autoren bearbeitet.

Else Lasker-Schüler (1869–1945) war eine wichtige Vertreterin der deutschen expressionistischen Lyrik. Nach 1933 emigrierte sie. Sie starb in Jerusalem.
S. 69: »Wir können nicht mehr schlafen« – das Gedichtfragment erschien 1958 posthum in der *Neuen Zürcher Zeitung*.

Martin Luther King (1929–1968) war ein US-amerikanischer Baptistenpastor und Bürgerrechtler, der zu den bedeutendsten Vertretern des Kampfes gegen soziale Unterdrückung und Rassismus zählt.
S. 76: »Mein Weg zur Gewaltlosigkeit«, Auszüge aus: Freiheit. Von der Praxis des gewaltlosen Widerstands, © 1984 SCM R. Brockhaus in der SCM Verlagsgruppe GmbH, Holzgerlingen.

Dr. Matthias Morgenroth, geboren 1972, ist Germanist und ev. Theologe. Als Hörfunk-Journalist ist er für den Bayerischen Rundfunk tätig, wo er vor allem über kirchenpolitische und religiöse Themen berichtet. Außerdem arbeitet er als Redakteur bei »Publik-Forum Extra«. Der Autor zahlreicher Sach- sowie Kinder- und Jugendbücher lebt mit seiner Familie in München.
S. 11: Interview mit Margot Käßmann und Konstantin Wecker

Thomas Carl Schwoerer, geboren 1957, ist Verleger, Bundessprecher der Deutschen Friedensgesellschaft – Vereinigte Kriegsdienstgegner*innen und Mitglied im Koordinierungskreis von Sicherheit neu denken.
Von 1995 bis 2015 leitete er den Campus Verlag, der von seinem Vater Frank Schwoerer gegründet worden war.
S. 144: »Wollen wir die drittgrößte Militärmacht werden?« erschien am 7. April 2022 bei der *Frankfurter Rundschau,* online www.fr.de.

Bertha von Suttner (1843–1914) war eine österreichische Pazifistin, Friedensforscherin und Schriftstellerin. 1905 wurde sie als erste Frau mit dem Friedensnobelpreis ausgezeichnet.
S. 62: Diesen Brief schrieb Bertha von Suttner an den »Frauenbund der Deutschen Friedensgesellschaft«, an dessen erster Tagung sie wegen Krankheit nicht teilnehmen konnte. Sie starb kurz darauf am 1. Juni 1914. Die Zeitschrift *Die Frauenbewegung* veröffentlichte den Brief unter der Überschrift: »Bertha von Suttners letzter Brief an die deutschen Frauen«. Der Text wurde an die neue deutsche Rechtschreibung angepasst.

Dr. Antje Vollmer, geboren 1943 ist eine deutsche ev. Pastorin, Politikerin von Bündnis 90/Die Grünen und freie Autorin. Sie war von 1994 bis 2005 Vizepräsidentin des Deutschen Bundestages.
S. 148: »Kein Grund nirgends, die Pazifisten zu verachten« – eine Kurzfassung des Beitrags erschien 2014 in der *taz* und wurde im Deutschlandradio Kultur gesendet. © Antje Vollmer

Konstantin Wecker, geboren 1947, Poet, Sänger und Komponist, engagiert sich seit Jahrzehnten für Zivilcourage, Pazifismus und Antifaschismus. Er wurde mit zahlreichen Preisen ausgezeichnet, u. a. mit dem Erich-Fromm-Preis (2007) und mit dem Ehrenpreis des Bayerischen Kabarettpreises (2013). Wenn er nicht gerade on tour ist, lebt er in München. Konstantin Wecker ist Bestsellerautor.

S. 124: »Der Frieden braucht eine Revolution«

S. 84: »Wenn unsere Brüder kommen«, Komposition & Text: Konstantin Wecker

© 1982 Sturm & Klang Musikverlag GmbH / Chrysalis Music Holdings GmbH / Alisa Wessel Musikverlag e. Kfr.

S. 85: »Der Krieg«, Komposition: Konstantin Wecker, Text: Georg Heym & Konstantin Wecker

© 2015 Sturm & Klang Musikverlag GmbH / Alisa Wessel Musikverlag e. Kfr.

S. 88: »Pazifistisches Credo«, © Konstantin Wecker

S. 91: »Die Mordnacht von Kundus«, Komposition & Text: Konstantin Wecker

© 2015 Sturm & Klang Musikverlag GmbH / Alisa Wessel Musikverlag e. Kfr.

S. 195: »Antikriegsmanifest«; gemeinsam mit Michael Backmund

Markus A. Weingardt, geboren 1969, Dr. rer. soc.; Politik- und Verwaltungswissenschaftler, wissenschaftlicher Mitarbeiter der Stiftung Weltethos (Tübingen). Zahlreiche Veröffentlichungen, u. a. von 2006 bis 2008 als Mitherausgeber des jährlichen Friedensgutachtens der fünf führenden Friedensforschungsinstitute in Deutschland. Mitgliedschaft in kirchlichen und wissenschaftlichen Gremien der Friedenspraxis und Friedensforschung. Autoren- und Gutachtertätigkeit für verschiedene Zeitschriften. Beratungstätigkeit als Coach und Mediator.

S. 168: »Frieden durch Religion!? Zeit für einen Paradigmenwechsel«

Prof. Dr. Rolf Wischnath, geb. 1948, ist Generalsuperintendent a. D. der Evangelischen Kirche Berlin-Brandenburg-schlesische Oberlausitz

S. 185: »Was würde Jesus dazu sagen?« erschien am 10. April 2022 bei www.zeitzeichen.net; die in diesem Buch abgedruckte Fassung wurde von den Autoren bearbeitet.

Henning Zierock (1951–2022), Lehrer, Leiter des Mikis-Theodorakis-Chores. Initiator und Vorsitzender der Gesellschaft Kultur des Friedens. Seit Jahrzehnten in der Friedensbewegung aktiv mit zahlreichen Projekten in Konflikt- und Kriegsgebieten. Zusammenarbeit mit dem griechischen Komponisten Mikis Theodorakis und dem UNESCO-Generaldirektor Federico Mayor in der UN-Friedensdekade »Culture of Peace« (2000–2010).
S. 183: »Für ein Menschenrecht auf Frieden«

Jörg Zink (1922–2016), Dr. theol., war einer der bekanntesten ev. Theologen der Gegenwart und Verfasser zahlreicher erfolgreicher Bücher zu Fragen der Bibel, des christlichen Glaubens und Lebens.
S. 190: »Erst die Liebe zum Feind schafft Frieden«, © Jörg Zink Erben

Stefan Zweig (1981–1942) war ein britisch-österreichischer Schriftsteller, Übersetzer und Pazifist.
S. 81: »Von Anfang an glaubte ich nicht an den ‚Sieg‘«, aus: Stefan Zweig, Gesammelte Werke in Einzelbänden. Die Welt von gestern. Erinnerungen eines Europäers, Fischer, Frankfurt am Main, 1981, S. 290

Abdruck mit freundlicher Genehmigung der genannten Verlage, Autoren und Redaktionen

ANMERKUNGEN

1 vgl. Brigitte Hamann, Bertha von Suttner. Kämpferin für den Frieden, Wien 2013, S. 8.

2 siehe: https://de.statista.com/statistik/daten/studie/183064/ umfrage/militaerausgaben-von-deutschland/#:~:text=Laut%20 Quelle%20beinhalten%20die%20Milit%C3%A4rausgaben, %2C8%20Milliarden%20US%2DDollar; zuletzt abgerufen am 29. April 2022

und: https://www.ziviler-friedensdienst.org/de/ueber-den-zfd/ zahlen-und-fakten; zuletzt abgerufen am 29. April 2022

3 Paul N. Anderson, Jesus and Peace, in: Marlin E. Miller / Barbara Nelson Gingerich (Hg.), The Church's Peace Witness, Grand Rapids 1994, S. 121 (Übersetzung: Margot Käßmann)

4 siehe: https://www.zeit.de/politik/deutschland/2022–04/waffenlie- ferungen-ukraine-anton-hofreiter-olaf-scholz; zuletzt abgerufen am 4. Mai 2022

Für ein gutes Leben

Der Begriff »günstiger« verspricht uns goldene Zeiten.
Von der Würde des Tieres – davon spricht leider kaum
einer, wenn es um Lebensmittel geht. Karl-Ludwig
Schweisfurth war einst der Chef von »Herta«‹ – einer der
größten Fleischfabriken Europas. Dann verkaufte er alles
und realisierte seinen Traum von einer verantwortungs-
vollen Landwirtschaft. Der 2020 verstorbene Öko-Pionier
wusste stets, wovon er spricht. Gemeinsam mit Enkelin
Sophie, die seine »Herrmannsdorfer Landwerkstätten« heute
leitet, entfaltete er die faszinierende Vision eines Lebens, das
wir am Ende nicht bereuen müssen. Denn die Würde des
Menschen beginnt mit dem Respekt vor den Tieren.

Karl-Ludwig & Sophie Schweisfurth

Das geht so nicht weiter!

112 Seiten · Hardcover mit Leineneinband
ISBN 978-3-96340-056-8
€ [D] 12,– · € [A] 12,40

Klartext von Rita Süssmuth

»*Kein Tag vergeht ohne neue Schreckensmeldungen.
Und es wird immer deutlicher: Uns bleibt angesichts
aktueller Entwicklungen keine Zeit mehr, abzuwarten.
Wir müssen jetzt handeln*«, mahnt Rita Süssmuth.
Dabei nimmt sie in den Blick, welche Entwicklungen die
Corona-Pandemie ausgelöst hat – die positiven, aber auch
die negativen. Was muss in Bezug auf das Bildungswesen,
die Agrarwende, die Verkehrspolitik und den Klimawandel
dringend getan werden? Welche Handlungsanweisungen
können und müssen aus dem christlichen Glauben
abgeleitet werden?

Rita Süssmuth

Keine Zeit mehr, abzuwarten

176 Seiten · Hardcover
ISBN 978-3-96340-220-3
€ [D] 14,– · € [A] 14,40

gutes leben
bene!

Besuchen Sie uns im Internet:
www.bene-verlag.de

Aus Verantwortung für die Umwelt hat sich die Verlagsgruppe Droemer Knaur zu einer nachhaltigen Buchproduktion verpflichtet. Der bewusste Umgang mit unseren Ressourcen, der Schutz unseres Klimas und der Natur gehören zu unseren obersten Unternehmenszielen. Gemeinsam mit unseren Partnern und Lieferanten setzen wir uns für eine klimaneutrale Buchproduktion ein, die den Erwerb von Klimazertifikaten zur Kompensation des CO_2-Ausstoßes einschließt. Weitere Informationen finden Sie unter: www.klimaneutralerverlag.de

Originalausgabe Juli 2022
© 2022 bene! Verlag
Ein Imprint der Verlagsgruppe
Droemer Knaur GmbH & Co. KG, München.
Alle Rechte vorbehalten. Das Werk darf – auch teilweise – nur mit Genehmigung des Verlags wiedergegeben werden.
Lektorat: Stefan Wiesner
Redaktionelle Mitarbeit: Uwe Birnstein
Gestaltung: Maike Michel
Coverfotos: Margot Käßmann: © epd-bild/Jens Schulze;
Konstantin Wecker: © Thomas Karsten
Druck und Bindung: GGP Media GmbH, Pößneck
ISBN 978-3-96340-249-4

5   4   3   2   1